Par Jean Balthazar

H

12392

# LA FONDATION,

VIE, ET REIGLE, DV grand Ordre Militaire, & Monastique, des Cheualiers Religieux, du glorieux Pere S. Antoine en Ethiopie, Monarchie du PRETE-IEAN, des Indes.

Composé en Espagnol par vn Cheualier Abyssin, Religieux & Militaire du mesme Ordre.

Et mis en François par vn Religieux de la Congregation reformée de l'Ordre de S. Antoine de Viennois.

A PARIS.
Chez IEAN TOMPERE, ruë des Amandiers, pres le College des Grassins.

M. DC. XXXII.
Auec Priuilege & Approbation.

TAV gerit Antonij Libya, atque Europa, Syrusque
Claustra Europ.ᵃ acies Libs amat, antra Syrus.

A
MONSEIGNEVR
ET ILLVSTRE PRELAT,
Messire Antoine Brunel de Gramont, Abbé du Monastere Chef d'Ordre de S. Antoine en Viennois, Conseiller du Roy en ses Conseils, Aumosnier ordinaire de sa Majesté, & General de tout l'Ordre de S. Antoine.

MONSEIGNEVR,

Ie serois doublement coulpable s'il m'estoit tombé dans la pensee de dedier ce petit œuure à autre qu'à vous, veu qu'il est vostre en tant de diuerses façons, que si i'auois commis cette faute vous auriez droict de le reuendiquer,

# EPISTRE.

comme vne fleur rauie de voſtre parterre, ou vn fruict enleué de voſtre verger: Car outre que cet autheur s'eſt preſenté à vous en ſon habit naturel, celuy qui luy fait maintenant porter le noſtre, ayāt receu le ſien de voſtre main ſacrée, s'eſtime lié d'vn nœud tellement indiſſoluble ſous la filiale obeïſſance qu'il vous a promiſe, qu'il croit rien ne pouuoir ſortir de ſes mains qui ne doiue auſſi vous appartenir, par vn autant iuſte tiltre que celuy qui vous l'a acquis. Dauantage le ſuiet de cet eſcrit le fait encore tellement voſtre, ( veu qu'il traicte d'vn Ordre duquel vous auez l'honneur d'eſtre le Chef, dans celle des parties du monde où le Chriſtianiſme eſt le plus floriſſant, ) que ie ne feray aucun ſcrupule d'auancer cette verité, contre l'opinion de mon Autheur que cet ordre auquel vous preſidez, ſurpaſſe en grandeur les deux autres qu'il veut preferer à celuy-cy; Car puis que rien n'est vrayement grand, que ce qui est grand aux yeux de Dieu, notamment en matiere de Religion, il ne doit pas establir la grandeur de son Ordre, sur le grand nombre de Monasteres qu'il possede, & moins encore sur la puissance temporelle, richesses immenses, & maniement des armes qu'il a en main, mais plustost sur la prattique des vertus, & bonne obseruance Religieuse. Et de vouloir comparer la splendeur exterieure de cét Ordre militaire d'Ethiopie, & la liberté vagabonde de ces Hermites de l'Asie dont il fait mention, au recueillement interieur, closture, silence, hospitalité, & autres exercices de la vie purement spirituelle qui se prattiquent dans vostre saincte Congregation, sous la reforme qu'il a pleu à Dieu d'y establir par vostre soin & diligence: ce seroit mettre en paralelle la

ã iij

# EPISTRE.

terre auec le Ciel, & esgaller les choses profanes aux sacrées. Ie dis hardiment profanes, veu la grãde contrarieté qui se trouue entre la milice & la deuotion. Et si on me veut dire que ceux qui ont conioint sous de certains vœux, la religion auec les armes, sçauent bien former vne belle harmonie de ces discordans accords, ie respondray que les effets nous font voir tous les iours le contraire, & que la vanité, le fast, & l'ambition, estans comme l'ame & l'element d'vne humeur guerriere, elles n'ont point de plus grandes ennemies que l'humilité, la mortification, & l'abiection, vertus principales & comme essentielles du vray Religieux. Aussi a-ce esté comme pour iuste loyer & recompense temporelle de la prattique d'icelles, en ce sainct Ordre, que Dieu l'a iugé seul digne, & auquel il a reserué par preference aux deux autres, la

# EPISTRE.

conseruation de ce sacré depost, & thresor du tout inestimable qu'il possede, des sainctes & sacrées Reliques du Corps glorieux de ce grand Sainct Antoine, dompteur des demons: lequel l'enrichissant de ses graces, semble auoir laissé en heritage cette mesme vertu à ceux qu'il a choisi pour ses depositaires, puis que leur plus grand soin & continuelle estude, consiste à surmonter les passions & les vices, vrays demons qui causent la ruine de tant d'ames auiourd'huy. Ie croy bien que ceux d'entre ces Religieux guerriers qui hazarderoient leur vie au combat par vn pur amour de Dieu pour la deffence de la foy, meriteroient de tenir place entre les martyrs, mais, quis est hic & laudabimus eum ? & qui est celuy maintenant qui ne mesle point son interest parmy les choses plus sainctes, ains

# EPISTRE.

plustost qui ne prefere son vtilité à tout le reste. C'est vous, Monseigneur, qui non content d'auoir employé vos moyens, desployé vostre suffisance, consacré vos labeurs, consommé vostre santé, & abbregé vos années par des longs & continuels trauaux, afin de r'establir sous l'authorité du S. Siege, & l'equitable faueur de nostre grand Roy LOVYS LE IVSTE, l'ancienne pieté dans vostre Ordre par vne saincte reforme, couronnant tant de vertueuses actions, d'vne action d'autant plus heroïque & glorieuse qu'elle est sans exemple, vous estes volontairement demis & deuestu de tout vostre temporel pour mieux appuier cet edifice spirituel, ayant prudemment iugé autant que charitablement, que la prouidence de Marthe estoit necessaire pour maintenir la tranquillité de Marie parmy

# EPISTRE.

ceux que vous auez engendrez en IESVS-CHRIST. Et c'est aussi sous cette mesme prudence & charité, que ces enfans desia paruenus en l'adolescence, par vous congregez & aggregez à vous, attendent de vous comme de leur vray pere, non plus le laict duquel vous les auez maternellement soustenus estans au berceau, crainte que la continuation de cet aliment trop doucereux, n'engendre quelque nausee à ceux qui ont desia l'estomach mal disposé, mais vne viande plus solide qui affermisse dans la perseuerance ceux qui sont desia forts, & fortifie ceux qui sont encore debiles: & qui nous excite tous, foulans aux pieds la tepidité, à courir vigoureusement & vnanimement par le sentier estroit de la discipline religieuse, & monter courageusement auec vous de vertu en vertu iusques au mont d'Oreb,

# EPISTRE.

pour y iouyr eternellement de la presence de celuy qui vit & regne glorieux en l'infinité des siecles,

De V. R.

Le tres-humble, tres-obeyssant & tres-deuot fils & seruiteur, F. M. L. F.

## AV LECTEVR.

CE n'a pas esté mon dessein, Studieux Lecteur, de reuestir à la Françoise cet Espagnol fils d'vn Abyssin, sous esperance que l'Ordre auquel il a pleu à Dieu m'appeller erigé sous mesme nom, en tirast quelque lustre ou reputation. Car combien qu'il soit fort peu conneu eu esgard à l'antiquité de son erection, qui approche de six cens ans, ie n'entens pas neantmoins luy donner de la gloire au despens de la verité: veu que dés son commencement il n'a fait profession que de la bassesse & du mespris, n'ayant eu autre but en son institut que la cure des pauures infirmes frappez du feu sacré, que l'on appelle vulgairement de S. Antoine; & par ainsi a tousiours exercé ses fonctions principales dans ses Hospitaux y pratiquant les œuures de misericorde & de charité: comme imitateur des rares vertus de ce pieux Gaston, Seigneur qualifié du Dauphiné son Instituteur, qui le premier consacra ses biens & sa personne, accompagné d'vn sien fils vnique, aux secours de ces pauures languissans suiuis: en cet action par vne pieuse & Chestienne emulation de huit autres Gentils-hommes de la mesme Prouince, embrasez d'vne charité plus ardente que le feu qui consommoit ces pauures affligez, au seruice desquels ils s'estoient déuoüez : ce qui a donné lieu à ce beau Distique dans nostre Antoniane.

*Gastonis voto, sociatis fratribus octo,*
*Ordo est hic cœptus, ad pietatis opus.*

Lequel se peut expliquer ainsi:
*Par le vœu de Gaston assisté de huit freres,*
*Cet Ordre commença ses pieux ministeres.*

Au moyen dequoy il ne se faut pas esmerueiller, s'il n'a point esclaté & paru aux yeux du monde, comme ont fait les autres erigez à autres fins, ayant mieux aimé demeurer dans son hospitalité, où il est encore à present, que de quitter cette saincte profession se mettant en danger de tomber dans la vanité, & comme il est aduenu à d'autres, changer le Breuiaire à l'espée. Ains au contraire, ces neuf pierres fondamentales & colomnes de leur

Ordre, qui l'auoient quittée pour seruir à Dieu auec plus d'humilité: comparables aux Princes des neuf Ordres du ciel, & tous flambans de l'amour du prochain, meriterent en la personne de leurs successeurs de seculiers estre faits reguliers, estans iugez dignes par le S. Siege, d'eschanger leur lance au Breuiaire, & de militer sous la reigle du grand S. Augustin. Mais quant à cet Ordre d'Ethiopie, duquel il est icy traicté, ayant esté destiné aux armes dés sa naissance, ce n'est pas sans raison qu'il s'y est maintenu, & du depuis augmenté & accreu, & enfin paruenu à cette splendeur exterieure, où il nous est icy representé: puis que ses exercices du tout dissemblables aux nostres, mais non contraires, deuoient aussi produire des effects du tout differents;

car s'il fait son nouiciat dans les armes, nous le faisons dans les larmes, s'il professe l'honneur mondain, nous embrassons son mespris & s'il fait gloire de mépriser autruy, nous, de nous humilier & soumettre, humilité qui bien pratiquée porte les nostres dans la perfection de la vie spirituelle dés l'adolescence, au lieu que ceux là peuuent à peine y atteindre en l'âge decrepit, puis qu'il ne sont admis à la closture perpetuelle, ny au Sacerdoce, qu'ils ne soient tellement cassez des trauaux de la guerre, qu'on est tenu de les en dispenser selon leurs constitutions, les laissans passer le peu de vie qui leur reste en repos & tranquillité de corps, & d'esprit, dans leurs Conuents. Or le principal motif qui m'a poussé à cette Traduction regarde simplement la gloire &

l'honneur de celuy qui me l'a inspiré, faisant voir en ce Traicté les sacrees paroles de l'Euangile admirablement bien effectuees lors qu'il dit, *Cœlum & terra transibunt, verba veré mea non præteribunt.* Car bien que dés long temps la saincteté de ce grand Anachorete & Abbé Antoine, fut en grande veneration parmi les Chrestiens, en cette quarte partie du monde, où nous habitons; cela n'estoit pas suffisant pour valider la promesse que luy auoit fait N. Seigneur, lorsque ce glorieux Athlete abbatu de corps, non pas de cœur, sous les rudes coups & cruelles playes receuës de la main des demós, il disoit à Dieu d'vne amoureuse plainte: Où estiez vo9? bon IESVS, où estiez vous? quand ie vous reclamois à mon aide? A quoy luy fut respondu: I'estois prés de toy,
Antoine

Antoine, i'ay veu tes combats, &
parce que tu t'és comporté vail-
lamment, ie te feray renommer
par tout le monde. Il falloit donc
que non seulement l'Europe, mais
encore l'Asie & l'Afrique, voire
mesme ce monde nouueau nommé l'Amerique, retentissent aussi
des loüanges de ce grand Sainct, &
publiassent les miracles que Dieu
y a voulu operer à l'inuocation de
son nom, afin que par ce moyen sa
renommée respandant le parfum
de sa saincteté par toute la terre,
tout l'vniuers fut rempli de cette
bonne odeur & par ainsi les promesses de nostre Dieu parfaitemēt
accomplies, ce que vous verrés tres
bien déduict & verifié en ce traicté. Et c'est ce qui doit fermer la
bouche à certains censeurs qui ont
voulu ternir cette histoire du nom

é

de fable, eſtimans qu'il n'y a rien de croyable que ce qu'ils Iugent tel, & leur faire confeſſer malgre eux, que le bras de Dieu n'eſt point racourcy, & qu'il peut accomplir en vn temps, ce que ſa prouidence a voulu ſagement differer en vn autre: & que ſi bien il luy plaiſt de retarder ſouuent les effets de ſes promeſſes, ce n'eſt que pour les rendre plus ſignalés. Mais pour faire voir que ces eſprits critiques n'ont autre ſubjet de blaſmer cet œuure, que la mauuaiſe humeur qui les porte naturellement à improuuer ce qui ne vient pas de leur creu, ie veux icy produire des teſmoins irreprochables du fait, & de la grande reuerence que portent les peuples Orientaux, voire meſme les infidelles, à la memoire du grand S. Antoine, veneration tellement agreable à Dieu, que son immense bonté, qui n'est point acceptatrice des personnes, faict journellement reluire diuers miracles entr'eux à l'inuocation du nom de ce S. homme sur les Mahometans mesme, à sa plus grande gloire & à l'honneur de son seruiteur; comme le venerable & veritable Pere Pacifique, religieux Capucin en donne vne preuue euidente, au premier liure du traité qu'il a fait de ses voyages, en la page trentiesme; où racontant ce qu'il a remarqué de plus rare & singulier dans Constantinople, il dict ainsi.

*Ce que i'ay encore veu de plus digne d'estre remarqué pour la pieté, est vne Chapelle de S. Antoine hermite, & vne grande salle joignant vne Eglise d'Armeniens. Cette Chapelle de S. Antoine est tellement frequentée dés*

é ij

Grecs & des Turcs mesmes, qu'ils y font des vœux pour les malades, comme on feroit en la Chrestienté à nostre Dame de Lorette ou de Lyesse: les malades & demoniaques Grecs s'y font porter, & couchent au dedans d'icelle iusques à ce qu'ils soient guaris, comme ie l'ay veu, & tant eux que les Turcs, y viennent apporter des offrandes, lampes, cierges, argent, & autres choses a vn Religieux de S. François qui y reside, & se iettans à genoux à ses pieds, le prient de leur dire l'Euãgile de S. Iean ou de la feste de S. Antoine, auec l'estolle sur leur teste, comme on fait en Chrestienté, & ce qui est d'admirable de la bonté de Dieu, est que sans auoir esgard à leur infidelité il les guarit miraculeusement. Le R. P. Iules Prouincial des Conuentuels qui y estoit alors residant, m'ayant inuité d'y aller celebrer la Messe par deuotion, comme ie feis, me iura que depuis peu il estoit resmoin de deux grãds miracles. L'vn fut d'vne ieune fême Turque, qui pour auoir les deux mains contrefaites & fermées par contraction de nerfs, auoit esté vers tous les plus renommez Santõs, & Deruis, qui sont leurs Religieux, & comme leurs Saincts, & par iceux s'estoit fait lire sur la teste l'Alcoran, qui est vn liure de leur loy, à ce qu'en vertu dicelle, elle peust recouurer la santé, mais en vain elle la chercha par tels moyens ; ce que voyant elle s'en vint à la Chapelle de S. Antoine, prier le Pere Iules de lui lire vn Euangile sur la teste en memoire de S. Antoine, ce que fist le bon Pere, & luy leut l'Euangile de S. Iean, & lors qu'il profera ces paroles, Verbum caro factum est, ce fut chose admirable, qu'aussi tost les deux mains de cette femme s'ouurirent: ce qui la rendit si contente qu'ayant fait force offrandes au lieu, elle alloit publiant par tout

é iij

qu'elle auoit receu par la loy des Chrestiens, ce qu'elle n'auoit peu obtenir par la sienne. Si ce miracle vous semble grand, en voicy vn bien plus grand. En la mesme Chapelle, vne pauure femme qui y couchoit vint à mourir, il fut donc questiõ de l'enterrer, Mais sçachez par parentese, qu'il n'est pas loysible d'enleuer vn corps pour le mettre en terre sans la permission du Cady, qui est le Iuge, auquel pour cet effect il faut payer certain tribut. Ce Religieux voyant donc que pour estre decedée en cette Chapelle on luy demanderoit le tribut, & n'ayant point d'argent pour y satiffaire, il s'enhardit de tirer secretement le corps hors de l'Eglise, & le mist dans la ruë, affin que l'on creust qu'elle y estoit morte, où elle fut plus de trois iours: mais cependant le Iuge en estant aduerty, prist ce pauure Pere, & pour auoir contreuenu aux ordonnances du grand Seigneur, le vouloit contraindre à payer vne grosse somme: estans sur cette contestation, il plut à nostre Seigneur de faire vn insigne miracle pour secourir la pauureté du Religieux, & confondre son aduersaire; car à l'heure mesme il resuscita cette pauure femme Grecque, qui est encore à present viuante, & par cette resurrection le debat cessa, ce qui estonna grandement les ennemis de nostre foy.

Ce sont les propres termes de ce tres-deuot religieux, la robe duquel ne redoute point la calomnie. Mais voicy vn autre tesmoin, de qui la doctrine & la probité, esgallans la dignité, estouffent d'abord toute sorte de doute, & qui fera voir que l'Egypte non plus que l'Ethiopie, n'est pas destituée de religieux ny de monasteres, de nostre bien heureux Pere S. Anthoine.

ẽ iiij

C'est le grand Baronius exemplaire de pieté, & tres-diligent inquisiteur de la verité, lequel au Corolaire du cinquiesme tome de ses Annales, intitulé, *de legatione Ecclesiæ Alexandrinæ ad Apostolicam sedem*, colomne 780. articles 32. & 33. nous apprend en la description de cette legation, que deux Religieux de l'ordre de mon B. P. Sainct Antoine, nommez Ioseph l'Euesque, & Abdelmecias Elmequin, residans au Conuent de S. Macayre en Egypte, furent enuoyez à Rome par le Patriarche d'Alexandrie nommé Gabriel, pour illec faire protestatió aux pieds du Pape Clement huictiesme lors seant, comme procureurs dudit Patriarche, qu'il vouloit viure & mourir en l'vnion de l'Eglise Catholique Apostolique & Romaine, ce qu'ils accomplirent tres-dignement

ment tant en son nom qu'au leur propre, laquelle protestation ie ne veux icy referer pour ne faire de cette preface vn volume. Et qui desitera d'en estre plus amplement informé la poura voir dans son autheur: d'où ie tire cette consequence que nostre Espagnol ou plutost Abissin, est plus veritable que ne disent ses ennemis, & que ce n'est pas sans raison qu'il dit, que le Conuent de S. Macayre est de l'ordre de S. Antoine, puis que ces deux Procureurs faisans leur protestation pour ledit Patriarche d'Alexandrie se qualifient Religieux de S. Antoine dudit Monastere. Or cela demeurant constant, nostre presente histoire n'est donc pas vne fable, & ne doit ny ne peut estre estimée telle au iugemét de ceux qui ont quelque reste de bon sens, veu qu'il se justiffie assés, par des tesmoignages si graues & autétiques qu'il se trouue des Religieux de S. Antoine en tant de diuers lieux du móde, qu'on peut dire que cet ordre est respãdu par tout l'vniuers, & que les promesses que Dieu luy a faictes sont parfaitement accomplies. A luy en soit la gloire. Amen.

# TABLE DV SOMMAIRE
## des Chapitres contenus en ce Traicté.

DE l'antiquité de l'Ordre de S. Antoine dans l'Ethiopie, & à quelle fin il y fut institué, page   1.

De l'Institution de l'Ordre de S. Antoine en France, quels furent ses fondateurs, la cause de son Institut, le lieu où le Corps de ce grand S. repose, & comme les Religieux dudit Ordre, & ceux de l'Ethiopie se sont recognus pour freres, page   8

De l'excellence de la marque du Taf, pourquoy S. Antoine le portoit, & de ses diuerses significations, page   11

Diuersité de marque entre les Cheualiers Religieux, & les militaires de l'Ethiopie, leurs fonctions, loy seuere qui fait multiplier leur Ordre, la difference des Abbez, Spirituel, & Militaire, & la forme de leur eslection, page   16

De la reception des Cheualiers au Nouiciat, la forme de leur Profession, de leur habit, & de leurs vœux, page   20

# TABLE.

De l'habit des Religieux Prestres, & des Cheualiers militaires ; l'Ordre qu'ils tiennent allans hors du Conuent : la difference des Freres seruans & des Oblats, de leur promotion aux Ordres sacrez, leur forme d'habit, & leurs fonctions, page 32

Du soin que l'on a de pouruoir les Cheualiers de ce qu'ils ont besoin ; loy tres-exacte de ne rien receuoir de personne pour leurs necessitez, & seuere punition de ceux qui le font, page 38

De la table & façon de viure des Cheualiers militaires, comme ils sont seruis, & de leurs ieusnes & abstinences, page 42

De l'occupation & exercices des Cheualiers militaires, & des lieux & iours destinez à cela : comme on les enuoye à la guerre, leur equipage, & comme ils y sont entretenus, page 47

Des Freres seruans & Oblats : de leur Nouiciat & habit ; vœux & profession, page 51

Des grands perils où s'exposent les Abyssins pour atteindre le degré de noblesse, sans lesquels ils n'y peuuent paruenir, page 54

# TABLE.

Du grand nombre des Conuents de Sainct Antoine en Ethiopie, beauté de leur edifice, du nombre de leurs Cloiſtres, des Portiers, du parloir, & de la ceremonie que les deux Abbez Spirituel, & Militaire obſeruent la veille de S. Antoine. page 58

Des reprehenſions & penitences deſquelles on vſe en cet Ordre, & des Viſiteurs d'iceluy, page 64

Des infirmes & malades, & de l'aſſiſtance qu'on leur rend : des ceremonies de leurs obſeques, lors qu'ils decedent, page 68.

De l'eſlection du grand Abbé, du lieu de ſa reſidence, de ſon Conſeil, des feſtes qui ſe font apres ſon election, de ſon ſervice, & ſplendeur de ſa maiſon, page 72

De ſa puiſſance & eſtenduë de ſon Domaine, de ſon reuenu, & des grandes deſpences qu'il ſupporte pour les guerres de l'Ethiopie, page 80

Des Religieuſes de l'Ordre de S. Antoine en Ethiopie, de leur Nouiciat, habit, profeſſion, & eſtroicte cloſture, page 84

Des Maiſons & Conuents de S. Antoine qui

# TABLE.

sont hors de l'Ethiopie, appartenans au mesme Ordre; & du tribut que paie le Turc au Prete-jean annuellement pour les eaux du Nil, lequel appartient au grand Abbé de S. Antoine, page 87

Qu'il y a des Religieux de l'Ordre de S. Antoine en tout l'Vniuers, qui sont sous la direction de trois Prelats & Chefs generaux, en Ethiopie, au mont de Syon, & en Dauphiné en France, page 99

De l'Abbé du mont de Sion en Asie, sous l'obeyssance duquel sont tous les Religieux de S. Antoine d'Orient, comme Maronites, Iacobites, Georgiens, Armeniens, & autres nations, page 102

De l'Abbé Sainct Antoine en Dauphiné, au Royaume de France, qui est Chef general de tous les Religieux de son Ordre, tant en France, Italie, Espagne, Allemagne, qu'autres Royaumes Chrestiens de l'Europe, 109

Que tous les Religieux de l'Ordre de Sainct Antoine portent la marque du Taf, en quelque part du monde qu'ils soient establis, & de quelques Princes & commu-

## TABLE.
*nautez qui le portent aussi en leurs armes,*
*page* 112

## Fin de la Table.

*Approbation des Docteurs.*

NOvs soubs-signez Docteurs en Theologie de la faculté de Paris, certifions auoir leu & releu le present Traitté, intitulé, *La fondation, vie & reigle du grand Ordre Militaire & Monastique des Cheualiers & Religieux du glorieux Pere S. Antoine en Ethiopie*, Auquel n'auons rien trouué de contraire à la Doctrine de la Foy Catholique, ou aux bonnes mœurs. En tesmoin dequoy auons mis icy nostre seing, ce 13. Iuillet 1632.

I. GOVAVLT.

ROCHE.

# LA FONDATION

## VIE ET REIGLE,

des Cheualiers Commandeurs, Religieux & Militaires, de l'Ordre sacré du glorieux S. Antoine Abbé en Ethiopie.

---

*De l'antiquité de l'Ordre de S. Antoine dans l'Ethiopie, & à quelle fin il fut institué.*

## CHAPITRE I.

L'ORDRE & Religion qui seule florit en l'Ethiopie, & de laquelle il y a plusieurs milliers d'Abbayes, & Conuents, est celle du glorieux & grand Patriarche S. Antoine Abbé. L'institution de cet Ordre sacré dans l'Ethiopie, fut telle. Apres la glorieuse mort de ce grand Sainct, en l'an de nostre Seigneur 357. sous l'Empire de Constance fils du grand Cóstantin, ainsi qu'escriuent les Historiens Ecclesiastiques, plusieurs siens disciples resterent en la Thebaïde, region qui confine auec l'Ethiopie, lesquels suiuirent l'exemple, reigle & façon de viure, que leur Maistre leur auoit laissé, entre lesquels furent les glorieux Machaires, & le tres-sainct Hilarion, & autres grands personnages tres signalez en saincteté & vertus, ils y vescurent sans faire aucuns vœux solemnels, & sans établir de communauté,

*Sozo l.1. cap. 13.*
*Ruff. l.10 cap. 8.*
*Niceph. l. 8 c. 40.*
*Theod. l. 4. c. 27.*

mais seulement parmi les deserts, iusques à ce que le grand Pere S. Basile inspiré de Dieu, donna commencement à la fondation des Monasteres, temperant la rigueur & l'austerité des premiers Peres du desert, à vne vie Monastique & reguliere au moyen des reigles & constitutions qu'il leur donna ; sous lesquelles viuent & font profession tous les Religieux reguliers de l'Orient, & plusieurs sous le nom & l'habit du Pere S. Antoine. Plusieurs Monasteres se fonderent en Ethiopie, sous le nom & vocable de sainct Antoine, & sous les reigles & constitutions de S. Basile. En ce temps-là regnoit en Ethiopie l'Empereur nommé Iean le Sainct, lequel voïant la persecution que les blasphemateurs Arriens susci-

A ij

toient contre l'Eglise Catholique que ce chancre d'heresie alloit croissant de iour en iour, & que plusieurs Heretiques s'introduisoient dans l'Ethiopie peruertissant ses sujets, il delibera, estant en cela inspiré de Dieu, de faire vn Ordre militaire de Cheualiers, l'institution duquel fust de combatre incessament contre les Heretiques Arriens pour l'honneur de la tressaincte Trinité, & diuinité de nostre Seigneur Iesus-Christ. Le sainct Empereur communiqua cette pensee au grand S. Basile, lequel auec vne singuliere joïe spirituelle loüa grandement son sainct propos, & lui enuoïa les constitutions que doiuét garder les Religieux & les Cheualiers militaires sous la reigle & le vocable de S. Antoine Abbé, leur donnant l'habit noir, auec la Croix bleuë que nous appellons le Taf, marque que le glorieux S. Antoine auoit baillee à ses disciples, leur disant qu'ils deuoient estre marquez comme les premiers nais d'Israël. Telle fut donc la fondation de cette religion militaire, enuiron l'an 370. Et de ce qui a esté dit se collige, que c'est le plus ancien ordre de Commandeurs qui soit en l'Eglise de Dieu: parce que le premier ordre militaire duquel les histoires Latines font mention, est celui des Templiers, & son institution ne fut, selon ceux qui lui donnent plus d'antiquité, qu'en l'annee 1100. ainsi que dit Martin de Vitiana. Les autres Historiens lui donnent quelques annees moins comme Barthelemy Cassanee,

Chro. Val. l. 3.
Catal. glo. riæ mūdi. 2. part 11. c. 7. sess. 3

& Polidore Virgile, qui disent qu'ils ne commencerent qu'en l'an 1117. apres la naissance de nostre Seigneur. Encore que sainct Antonin dise que ce fut en l'an 1120. Par où se verifie que cette Religion de S. Antoine Abbé est plus ancienne que toutes les autres religions militaires. Ie trouue seulement que l'Ordre des Cheualiers de S. Lazare le suit de fort prés, lequel fut institué par le mesme S. Basile contre les Heretiques Arriens, & ainsi a esté estably presque en mesme temps que l'Ordre de S. Antoine, veu qu'ils eurent vn mesme institut, & furent seulement differents en leur reigle, au vocable, & en la demeure; car ceux de S. Antoine demeuroient en Ethiopie, & ceux de sainct Lazare en Ierusalem, &

en l'Asie mineure. Mais cet Ordre decheut tellement qu'à peine en restoit-il aucune marque, iusques à ce que Pie V. d'heureuse memoire, l'eut mis sous la garde & protection d'Emmanuel Philibert Duc de Sauoye, & ses successeurs; qui comme grands Maistres d'icelui l'ont restabli & remis en son lustre, sous le titre de Commandeurs de S. Maurice, & de S. Lazare, & florit grandemét aujourd'huy, pour estre sous la tuition & deffence de si grands Seigneurs comme sont les Ducs de Sauoye.

*De l'Institution de l'Ordre de S. Antoine en France, quels furent ses fondateurs, la cause de son institut, le lieu où le corps de ce grand Sainct repose, & comme les Religieux dudit Ordre, & ceux de l'Ethiopie se sont recognus pour freres.*

## Chap. II.

IL y a aussi en Europe vn Ordre de Religieux Cómandeurs, qui portent pour marque la Croix bleuë, en forme de Taf, lequel est different de l'Ordre militaire de S. Antoine qui est en Ethiopie, cóme l'est aussi celui de l'Orient, combien que celui de S. Antoine de l'Europe soit fort ancien, pour auoir esté fondé en l'annee 1095.

S. Antoine en Ethiopie.

selon Pannuce, & s'appelle de S. Antoine Abbé de Viennois, en France, & tient la reigle de sainct Augustin. Ses Fondateurs furent deux Gentils-hommes de la mesme Cité, appellez Gaston & Gyron, le motif qu'il eurent pour la fondation de l'Ordre de sainct Antoine, fut de voir la singuliere deuotion qu'on auoit enuers ce glorieux Sainct par toute l'Europe, voire par tout le monde, & dautant que son corps repose en la Dioceze dudit Vienne, lequel bien qu'il eut esté enseueli dans la Thebaide pres de l'Ethiopie, au lieu où il estoit ayant esté descouuert par reuelation diuine, du temps de l'Empereur Iustinian, il fut porté en Alexandrie, & mis dans l'Eglise de S. Iean Baptiste, puis dela transporté audit diocese de Vienne en France, qui est en la Prouince Narbonnoise, ainsi que nous apprend le Martyrologe Romain, Adon & Bede. Apres que ceux de l'Ethiopie furent descouuerts, & venus à Rome, les souuerains Pontifes leur donnerent l'Eglise de S. Estienne des Indiens. Les Commandeurs de sainct Antoine de Viennois, ont reconnu les Commandeurs de sainct Antoine d'Ethiopie côme freres, enfans d'vn mesme Pere, receuant les Ethiopiens de leur Religion qui vont visiter le Corps de sainct Antoine, ainsi que i'ay fait, les accueillent, & les logent comme Freres & Religieux de leur Ordre, ioyeusement & auec grande charité, en fin ce sont deux Ordres qui sont comme aliez entr'eux.

*De l'excellence de la marque du Taſ, pourquoy S. Antoine le portoit & ſes diuerſes ſignifications.*

## Chap. III.

Ette figure de Croix, faite en forme de Taſ, ( qui eſt le meſme que le T Gothique Latin, de laquelle vſent auſſi les Grecs, & les Hebrieux) fut donné par ſainct Antoine à ſes diſciples, & luy meſme la portoit pour marque & deuiſe, ainſi que le raportent les hiſtoriens d'Ethiopie: d'autant que c'eſtoit vne couſtume entre les Preſtres d'Egypte, de peindre la Croix en façon de Taſ, pour ſignifier la vie à venir qu'ils eſperoient ; ainſi il y auoit dans ce Royaume là vn Temple de Serapis, & sur les murailles d'iceluy plusieurs Croix depeintes en forme de Taf, & sur l'Idole mesme il y en auoit quelques vnes, & combien que sainct Antoine estant natif d'Egypte, sçeut tresbien à quelle fin les Prestres des Gentils portoient cette lettre, il la voulut neantmoins porter en ses habits & en ses mains, & la mettre en sa grotte, leur donnant à entendre, & leur preschant continuellement, que la vie qu'ils desiroient & attendoient, estoit venuë, en la personne de IESVS-CHRIST, mort en la Croix; où il nous auoit obtenu vie de grace & de gloire. Goroppius apporte cette raison en ses Hyerogliphiques, comme fait aussi Richard en ses Commentaires sur le Symbole, & quelques autres. Il la portoit

Lib. 13.
fol. 165.
Tom. 2.
fol. 253.

aussi (comme l'on peut inferer) pour faire allusion à celle que nostre Seigneur commanda estre mise sur le front de plusieurs habitans de Ierusalem, afin qu'estans ainsi marquez ils feussent preseruez de la mort, comme nous apprend le Prophete Ezechiel. Et comme le nouueau Testament a vn grand rapport auec l'ancien, la mesme ordonnance fut donnee en l'Apocalypse, aux Anges qui sortirent auec commandement de destruire la terre, sçauoir est d'excepter les personnes qui auroient la susdite marque sur le front: aussi tant en la saincte Escriture comme és histoires profanes cette lettre vaut 300. qui est nombre de salut, & symbole de la tressaincte Trinité, en l'honneur de laquelle fut institué l'Or-

Cap. 5.

Cap. 7.

dre militaire de sainct Antoine, & portons cette marque sacrée pour monstrer que nous adressons nos prieres à Dieu, afin qu'il nous conserue la vie dans les combats, & nous donne victoire : puisque nous y entrons pour l'honneur de la tressaincte Trinité, contre les heretiques & Mores. Qu'on lise Iean Baptiste de la Porte, au Liure *de fortunis litterarum notis*, & Pierre Bongo, en ses œuures.

fol. 7. c. 10
num. 30.
fol. 144.

Finalement la lettre Taf est la mesme que la saincte Croix, pour plus grande confirmation de quoy, qu'on lise sainct Iean Chrysostome, & S. Ambroise, auec le docte Beda. Mais les tressainctes paroles du Canon, où commencent les plus profonds & secrets mysteres du sainct sacrifice de la Messe, ne commencent-el-

Tom. 2.
hom. 14.
in cap. 3.
Mair. lib.
1. de Ab.
c. 5 8. qu.
in Gen.

les pas par la lettre T disant: *Te igitur, &c.* comme sainct Bonauenture & Titelman l'ont tresbien remarqué, pour nous demonstrer la grandeur de la Croix, par le moyen de laquelle s'effectue ce qui est là representé. Enfin pour paracheuer sur cette lettre Taf, ie diray qu'en l'ancienne langue Françoise, la Croix s'appeloit par ce nom de Taf, ainsi que nous le raporte Cassanee au Catalogue de la gloire du monde, & selon la commune façon de parler on appelle la Croix du glorieux Pere sainct Antoine du nom de Taf, & qui aura desir de voir d'autres significations de cette lettre, qu'il lise S. Ierosme, sainct Augustin, sainct Thomas, Tite Liue, l'Antoniane, & l'Apocalypse mesme.

Part. 1. conf. 38. cōclus. 99

Chil. 4. Apo. c. 7. T. Liu. Deca. 3. lib. 1.

*Diuersité de marque entre les Cheua-liers Religieux, & les Militaires de l'Ethiopie, leurs fonctions, loy seuere qui fait multiplier leur Ordre, la difference des Abbez spirituels, & Militaires, & la forme de leur eslection.*

## CHAP. IV.

A L'Empereur Iean le Sainct succeda le Prestre jean Philippe VII. du nom, fort sainct Personnage, qui augmenta & amplifia grandement cet Ordre Militaire, luy donnant plusieurs priuileges, & grands reuenus, ensemble commanda que pour faire difference des Religieux & des Cheualiers, on y adioustast vne petite fleur, desorte que celle que portent les Religieux, eſt l'ancienne figure du Taſ, & celle que portent les Cheualiers, eſt celle où cette petite fleur eſt adiouſtee. Du depuis ce meſme Empereur commanda que l'on garniſt cette Croix qui eſt de couleur bleuë, d'vn filet d'or en forme d'vn galon, & cette façõ s'eſt obſeruee iuſques à preſent. Il fit pareillement vne loy que tous ſes ſujets de quelque eſtat & condition qu'ils fuſſent, ſeroient obligez de là en auant de donner à la Religion de S. Antoine, de trois fils qu'ils auroient, vn, pour le ſeruice d'icelle & deffence de l'Empire, & combien que cette loy ſoit fort peſante, elle s'eſt touſiours obſeruee, & s'obſerue encore iuſqu'auiourd'huy, auec telle rigueur, que les Roys qui ſont vaſſaux de l'Empire, n'en ſont pas exempts : & n'y a que les ſeuls

B

Medecins d'exceptez. Tous les autres de l'Ethiopie, donnent leurs fils à l'Ordre pour aller à la guerre, lequel Ordre a en chacune ville son Conuent ou Abbaye, & sont en nombre de mille & sept cens, où resident les Cheualiers & Commandeurs, qui sont de deux sortes, les vns qui se doiuent exercer à la guerre, comme il plaist à leurs Superieurs d'en disposer; toutesfois & quantes qu'il leur sera commandé, & les autres lesquels estans vieux & lassez de la milice se retirent dans les Abbayes, où ils ont pris l'habit faisans profession religieuse, desquels il ne peut y auoir plus haut que de vingt cinq en chaque Conuent, & le plus vieil & ancien d'entr'eux est Abbé des autres, qui s'appelle Abbé spirituel: ainsi il n'y a aucune election, mais l'Abbé venant à deceder, le plus ancien succede à l'office & Prelature, & y demeure iusqu'à son trespas. Les Cheualiers militaires ont leur Abbé militaire en chaque maison, lequel se fait par l'election & suffrages des Cheualiers, & est vn office perpetuel, auquel les militaires obeïssent. Et combien que les Religieux & Cheualiers dispésez, n'ayẽt aucun commandement sur les militaires, si est-ce qu'ils leurs portent grand honneur & respect, d'autant que ce sont tous Cheualiers anciens, & vsez des trauaux de la guerre, en laquelle ils se sont assiduëment employez la plus grande part de leur vie, & aussi parce qu'ils sont Prestres, car en les dispensant des armes on leur confere les Ordres sacrez. Ainsi les Cheualiers militaires vont au cloistre des Cheualiers religieux (qui viuent separez des autres) afin

B ij.

de les accompagner lors qu'ils sortent de leurs cellules pour aller au chœur, & principalement pour assister l'Abbé spirituel : aussi pour ce seul sujet les militaires font vne assemblee tous les Samedis, en laquelle ils nomment les Cheualiers qui doiuent accompagner les Religieux la semaine suiuante.

---

*De la reception des Cheualiers au Nouiciat, la forme de leur profession, de leur habit, & de leurs vœux.*

## CHAP. V.

Dans ce cloiſtre des Religieux il ne peut entrer aucun seculier, soit homme ou femme, sinon les Commandeurs militaires pour les accompagner, ou pour autres affaires, & les freres Seruans pour leur administrer ce qui est de leur office. Combien que les Religieux ne soient pas en plus haut nombre de vingt cinq en chacune Abbaye, les Cheualiers militaires n'ont point de nombre prefix, tellement qu'il se trouue telle Abbaye où il y a cinq cens, ou mille, voire plus de Commandeurs, lesquels doiuent estre necessairement de lignee de Cheualiers, ou de Nobles. La profession & Nouiciat que font ces Commandeurs est telle, on les reçoit dans l'Abbaye en l'âge de seize à dixhuict ans, & on est obligé de les receuoir, puis que tous ceux de cet Empire sont aussi tenus de trois fils qu'ils auront, en donner vn à l'Ordre. Apres qu'ils sont receus on leur baille vn petit scapulaire noir, & le Taf bleu qu'ils portent sur la chemise, tant les Cheualiers que les Freres seruans, & Oblats; Cela fait on les enuoye à la guerre, où ils demeurér neuf ans en Nouiciat: sçauoir trois dans la forteresse de la Mer rouge gardans les costes d'Ethiopie contre les Corsaires, qui sortes de l'Arabie, trois en l'isle de Meroë, qui regarde l'Egypte, où ils demeurent dans vne forteresse, afin que si le Turc vouloit entreprendre quelque chose, il ne les prit pas au despourueu: & trois autres encore en l'Isle ou Royaume de Borneo & sur les frontieres d'iceluy, lequel appartient à vn Roy Maure fort puissant, & confine à l'Ethiopie, & est grand ennemi du Prestre jean. Ce nouiciat de neuf ans estāt paracheué, son Capitaine luy donne vne lettre, addressante au Procureur de l'Abbaye, où il a pris l'habit, lequel reside en la Cour du grand Abbé ou Maistre de sainct Antoine en Ethiopie.

l'Ordre en l'Isle de Meroë (car chacune Abbaye tient là vn Cheualier, tant pour traiter les affaires qui se presentent, que pour le seruice du grand Abbé: & outre ces Procureurs il y en a encore deux Generaux de chaque Prouince, qui sont personnages de grand merite) Par cette lettre son capitaine rend tesmoignage comme il a paracheué fort noblement ses neuf annees de probation, & de l'assistance qu'il a renduë dans les occasions militaires. Alors le Procureur à qui s'addresse la lettre fait vne exacte information de sa vie, mœurs, & seruices, & rend compte de tout au grand Maistre, lequel auec son conseil approuue son Nouitiat, & rescript à l'Abbé du Conuent où il a receu l'habit, qu'il le reçoiue à la Profession: auec cette lettre le Cheualier des-ja approu-

B iiij

ué part de l'Isle de Meroë pour s'en aller en son Conuent: & s'il arriuoit que l'information dudit Nouice ne fut pas valable ( ce qui arriue fort rarement) on luy prolonge son Nouitiat: mais comme tous sont nobles, & Cheualiers, aussi font ils tous leur deuoir.

Le Commandeur approuué estant arriué en sa patrie, se res-joüit vn mois auec ses parens, lequel expiré, estant accompagné des Nobles de la cité, & armé d'vne cuirasse de peau d'Elephant, l'espée au costé, vn bouclier au bras, & la lance à la main, s'achemine à pied droict à l'Abbaye, à la porte de laquelle se trouuent douze Cheualiers Commandeurs armez de la mesme sorte, lesquels ferment la porte au Cheualier pretendant, qui laissant tous ceux qui l'accompagnent, s'aduan-

ce, & va donner trois coups de sa
lance côtre la porte, disant que l'on
luy ouure; les cheualiers qui sont au
dedans luy demandēt que c'est qu'il
veut, & il leur respond qu'il demande la recompense de ses trauaux, qui
est l'habit de la Religion de S. Antoine, incontinent ceux de dedans
l'interrogent s'il a seruy à la guerre
selon les reigles & les constitutions
des Cheualiers, alors le Cheualier
nouueau estend la main, & baille
le certificat & attestation qu'il a du
grand Abbé, laquelle on porte à
l'Abbé spirituel de l'Abbaye, qui
l'ayant veuë, & obeissant à l'ordonnance signée du grand Abbé, se reuest Pontificalement, & descend à
la porte de l'Eglise auec l'Abbé militaire, accompagné de douze Cheualiers armez, lequel est reuestu
d'vne Cuculle noire auec le bonnet

carré, au dessus duquel il y a vne Croix bleuë qui le trauerse entierement. Telle est la marque des Abbez militaires: au deuant de tous marche vn Frere seruant armé qui porte vne espée nuë à la main, & vn autre auec vne Crosse Abbatiale; les Cheualiers qui gardent la porte, voyans venir les Abbez l'ouurent, & l'Abbé militaire s'approchant de celuy qui doit faire profession, luy demande s'il est vn tel; ayant respódu qu'ouy, il le prend par la main & le conduit à la porte de l'Eglise, là où est l'Abbé spirituel auec les Cheualiers Religieux, & militaires, au deuant duquel le Cheualier professant se met à genoux, & l'Abbé militaire luy mettant la main sur l'espaule, se tourne vers l'Abbé spirituel & luy dit, Mon Pere, ce Cheualier est vn tel, fils d'vn tel, auquel

on donna icy la benediction il y a
neuf ans : il a seruy à la guerre contre les Arabes, Mores, & Arriens,
exposant sa vie dans les perils, pour
le nom de Iesus-Christ, & pour la
foy de l'Eglise Catholique & Romaine, il vient demáder maintenát
le loyer & le fruict de ses trauaux,
qui est l'habit de nostre glorieux
Pere S. Antoine, selon les statuts &
ordonnances de nostre Religion.
Cela estant dit, les deux Abbez s'assient, & le spirituel examine le Cheualier sur les articles de là foy, & sur
le surplus de la doctrine Chrestienne. L'examen estant acheué, l'Abbé
militaire se leue auec quatre Commandeurs des plus anciens, qui des-
pouïllent le nouueau Cheualier des
armes qu'il porte, & le vestét d'vne
soutane noire, longue iusqu'à terre,
auec vne Croix bleuë à la poitrine,

& par dessus la Soutane luy mettent vne Cuculle noire, qui est vn habit fort plissé vers le col, ayant les manches longues & ouuertes, qu'il s'en tortille autour des bras, & y a sur cet habit vne Croix bleuë, puis on luy en met encore vne autre petite d'or pendante au col de la mesme façon, tel est l'habit que portent tous les Commandeurs militaires, & mesme leur Abbé.

Cette ceremonie estant paracheuée, l'Abbé spirituel le prend par la main, & tous les Cheualiers le meinent en procession à l'Eglise, en laquelle entrent tous ses parents, tant hommes que femmes, lesquels en nulle autre occasion ne peuuent entrer aux Eglises des Conuents, leur estant seulement permis en pareille action. En cette procession se trouuent le Curé & le Vicaire du lieu, où a esté baptisé celuy qui fait profession, & ledit Curé s'asseant dans vne chaire esleuée de quatre degrez, faict vn discours en la presence de tous, à la loüange de la foy Catholique, declarant le grand merite qu'il y a de combatre pour sa deffence, il loüe le nouueau Cheualier des preuues qu'il a rendu de son zele, courage, & discretion, tout le temps qu'il a combatu souz cette enseigne, & conclud par vne action de graces à Dieu des benefices & faueurs qu'il luy a faict Cette harangue finie le Cheualier professant s'agenoüille au deuant du tres-sainct Sacrement, & en presence de tous faict vœu de perpetuelle obeissance & fidelité au sainct siege Apostolique Romain, & tous ensemble au Prestre-jean, & aux Abbez de son Ordre, d'aller à la guerre toutesfois & quantes qu'il luy sera commandé, & de garder les reigles & constitutions de la Religion des Chevaliers de S. Antoine, auec les decrets & Canons du Concile de Florence tenu sous Eugene quatriesme. Ce vœu solemnel estant faict, il iure incontinent en la presence de l'Abbé spirituel, de ne se trouuer ny combatre iamais en guerre qui se fera entre les Chrestiens, ny de receuoir aucun Ordre sacré, & ne se marier, sans l'expresse licence du Souuerain Pontife de Rome; Encore que le Prestre Jean & le Nonce Apostolique par les Brefs qu'ils obtiennét du sainct Siege puissent dispenser de ce serment pour de iustes causes, comme pour prendre les Ordres lors qu'il est exempt de la guerre, ou pour se marier de peur que sa lignée ne deffail-

*S. Antoine en Ethiopie.* 31

le. Toutesfois encore que le Commandeur se marie, & viue à part dans la ville auec sa femme, il est obligé de se trouuer tous les Dimãches & principales festes en l'Abbaye auec l'habit de l'Ordre, & assister en la communauté des autres Commandeurs. Ce serment faict, l'Abbé spirituel luy commande en vertu de saincte obeissance de dire tous les iours les sept Psalmes Penitentiels, & prier Dieu pour les ames de Purgatoire, ce que manquant à faire il n'encourt aucun peché, & toutesfois tous le font ainsi. Les Freres seruants & Oblats ont la mesme obligation, & ceux qui ne sçauent pas lire, de dire certain nombre de *Pater & d'Aue.*

*De l'habit des Religieux Prestres, & des Cheualiers militaires, l'Ordre qu'ils tiennent allants hors du Conuent: la difference des Freres seruants & des Oblats, de leur promotion aux Ordres sacrez, leur forme d'habit, & leurs fonctions.*

## Chap. VI.

Tous les Cheualiers Commandeurs, tant les Religieux Prestres, que les militaires, portent la Croix bleuë de la façon que i'ay dit, & assistent au diuin Office, & aux assemblees vestus de la cuculle noire, les manches de laquelle les Prestres portét fermées, à la difference des militaires, auec vn Capuche en la teste fort grand au lieu de bonnet, de la mesme façon que celuy des Moynes

Moynes de S. Benoist. Lors qu'ils sortent du Conuent pour aller à la ville, il faut qu'ils prennent la permission de l'Abbé spirituel, tant les Religieux que les Cheualiers militaires ; parce que dans l'Abbaye nous sommes tous sujets à l'Abbé spirituel, d'autant que l'on vit là dedans regulierement : mais hors d'icelle les Cheualiers militaires obeissent à l'Abbé militaire, & on sort auec l'habit susdit, accompagné d'vn ou deux seruiteurs. Si l'Abbé militaire sort, il porte le mesme habit accompagné de quatre Commandeurs, & d'vne douzaine de seruiteurs, l'vn desquels marche deuant luy auec vne espée nuë en la mains & lors que l'Abbé spirituel sort du Conuent il porte vne Cuculle, & a la face couuerte d'vn voile, accompagné de douze Cómandeurs Preſtres, entre leſquels il y a quelques F. ſeruants & Oblats (car ils prenent auſſi les Ordres en leur temps comme nous dirons) & le Doyen des Freres ſeruants Preſtres, & tous les Religieux ont leur voile ſur la face, auec pluſieurs ſeruiteurs, l'vn deſquels marche deuant auec la Croſſe Abbatiale en la main en forme d'Eueſque. De meſme les Commandeurs Preſtres lors qu'ils ſortent menent leurs ſeruiteurs, & ont la face couuerte de leur voile, qui eſt la couſtume de tous les Preſtres d'Ethiopie, excepté les Moines mendians qui ne ſortent preſques iamais de leurs Abbayes.

Tous les Commandeurs ſe ſeruent de deux ſortes de ſeruiteurs, leſquels ont leur demeure en d'autres Cloiſtres à part, nous appelons les vns Freres ſeruants, & ceux-cy font enfans de Bourgeois, & gens honorables: les autres nous les appellons Oblats qui font yſſus du vulgaire & menu peuple. Dans les Abbayes ils ont le foin des Cheuaux, & la charge des affaires de peu d'importance, des meſtiers, & choſes domeſtiques. Les Freres ſeruants ont leur Superieur qu'ils appellent Doyen, lequel eſt Preſtre, comme eſt auſſi le Superieur des Oblats : & ces Freres ſeruants ont ſoin des reuenus, des receptes, des prouiſions, & de l'entretien des cheuaux. Les Oblats nomment leur Superieur Prieur, & on confere les Ordres non ſeulement au Doyen des Freres ſeruãts, & au Prieur des Oblats, mais auſſi à pluſieurs deſdits Freres ſeruants & Oblats, d'autant que la Religion comme bonne & benigne mere, octroye à tous ſes enfans ſans aucune partialité la dignité Sacerdotale: ainsi les Freres seruants & les Oblats qui sont capables de telle dignité, estans desia vieux & cassez de la guerre, sont dispensez d'icelle & promeus aux saincts Ordres, demeurans tousiours aux Abbayes pour le seruice d'icelle, & soin des ames de leurs enfans. Lors qu'ils reçoiuent la dignité de Prestrise, ils font les trois vœus solemnels, & d'obseruer la reigle comme font les Religieux: & l'Abbé spirituel baille à ces Prestres Freres seruants, & Oblats, vn habit noir de la mesme façon que portent les Moynes de la Chartreuse, mais les Oblats ne portent point ces petites bandes au costé de l'habit, pour les discerner d'auec les Freres seruants: & c'est l'habit qu'ils portent dans l'Abbaye; mais quand ils sortent, ils portent vne Chappe noire par deſſus, de meſ-me façon auſſi que celle des Char-treux, mais ils ne vont point la face couuerte comme font les Cheua-liers Religieux. Pluſieurs autres auſſi des ieunes Freres feruants & Oblats, ayans paſſé l'aage de trente ans, & eſtans capables & ſuffiſants ſont promeus à la Preſtriſe, & ſont en-uoyez aux garniſons & aux armées, pour y eſtre Chappelains & pour auoir ſoin des ames tant des Che-ualiers, que des Freres feruants, & Oblats qui y reſident, & en leur temps ces Chappelains viennent ſe repoſer dans leurs Abbayes, ſe-lon qu'il leur eſt commandé par leur Prelat. On porte fort grand reſ-pect & honneur à tous les Preſtres, à cauſe de la dignité Sacerdotale, iuſques là que quelque Cheualier qui leur parle demeure touſiours

La fondation de l'Ordre
descouuert pendant ce temps là, & c'est vne des constitutions de l'Ordre.

---

*Du soin que l'on a de pouruoir les Cheualiers de ce qu'ils ont besoin: loy tres exacte de ne rien receuoir de personne pour leurs necessitez, & seuere punition de ceux qui le font.*

## CHAP. VII.

LA maniere que l'on obserue à pouruoir les Cheualiers de leurs necessitez est telle. L'Abbé spirituel a la charge de fournir à tous ce qui leur fait besoin pour leur entretien, & on le leur distribue de cette façon. Dans le Cloistre auquel les F. seruants font leur demeure, il y a aussi vne maison où demeurent les artisans & maistres de tous les mestiers concernans ce qui est necessaire à tous ceux qui residét dans l'Abbaye: le Samedy de chasque semaine on eslit quatre Cheualiers, qui vont visiter & recognoistre les chambres des Commandeurs, pour voir ce qui manque à vn chacun; lors que les Cheualiers vont faire cette visite on sonne vne Clochette, afin que les Commandeurs se retirent en leurs chambres, & tout incontinent les quatre Visiteurs viennent, auec d'autres anciens qui les accompagnent, & vn Frere seruant lequel porte vn liure en la main, & vont de chambre en chambre selon l'Ordre de reception de chaque Cheualier, demandant dequoy ils ont besoin, & selon la response que chacun fait, on l'escrit ainsi sur le liure, il faut pour voir de telle & telle chose en la chambre d'vn tel.

Cela fait on porte le liure au lieu où se tiennent les comptes, où les Cheualiers qui en ont la charge le lisent, puis commandent aux seruiteurs de fournir tout ce qu'on demande prōptement, & l'ayans preparé, on retourne faire la visite, où l'on laisse à chacun les besognes neufues qu'il a demandé, emportant les vieilles, lesquelles on baille aux Freres seruans, & celles que ceux-cy quittent sont baillées aux Oblats; tel est l'Ordre que l'on tient par toutes les maisons de la Religion pour fournir d'habits aux Cheualiers, & de tout ce qu'ils ont besoin en leurs chambres. Or d'autant que l'on pouruoit si bien à toutes leurs necessitez, il y a entr'eux vne constitution tres-rigoureuse, qui leur defféd de receuoir de Pere, mere, ny parents, ou autre personne quelconque, chose aucune pour petite qu'elle soit, & cela se fait par grande prudence, d'autant qu'il y a en l'Ordre plusieurs enfans de Roys & de Princes, & s'il leur estoit permis de receuoir des presens en la Religion, ils ne seroient point conformes aux autres Cheualiers qui ne sont pas de si haute qualité, & pour ce sujet la Religion cõme mere discrete, ne permet point qu'il y aye aucune difference entre ses enfans, mais veut qu'ils soient tous esgaux. Cette constitution est si estroictement obseruée, que si quelqu'vn vient à l'enfraindre, il est priué de l'habit pendant sept ans, s'il est Cheualier, & de voix actiue & passiue pour iamais, & ne peut porter la Cucule, ny habiter dans le Cloistre des Commandeurs; que si c'est vn Frere seruant qui aye quelque charge, il en est priué, si c'est vn Oblat, il ne peut plus entrer au Cloiſtre des Freres ſeruans ny des Cheualiers : & le grand Abbé ny ſon conſeil ne peuuent les diſpenſer de cette peine.

---

*De la table & façon de viure des Cheualiers militaires, comme ils ſont ſeruis, & de leurs ieuſnes & abſtinences.*

## Chap. VIII.

Vant au manger & nourriture des Commandeurs, d'autāt qu'ils ſont en ſi grand nombre, ils ne peuuent pas manger tous enſemble comme font les Religieux, mais ſont departis par compagnies & eſcadrons, & font ainſi. Tous les Samedis on nóme des chefs d'eſquadre, afin que ceux que l'on leur marquera de douze en douze, se retirét en leurs chambres pour prédre leur repas, & ceux là sont inscrits le mesme iour dans vne tablette de cette façon. En la chambre de tel Chevalier, qui sera pour cette fois chef d'escadre, se retirerót les huict iours suiuants tels & tels, iusques au nombre de douze, & qui font treize auec le Caporal : on marque à chacune de ces escadres deux Freres seruants & deux Oblats, ceux cy pour porter & rapporter les viandes à la cuisine, & ceux-là pour assister à la table, & distribuer la viande selon la primauté d'vn chacun, les plus anciens estans les premiers seruis. Dans la cuisine assistent quatre Cómádeurs qui sont obeys de tous les cuisiniers & autres qui s'y trouuét, ordonnant quelles escadres on doit seruir les premiers la viande leur estant neantmoins baillée à tous par égalles portions. Si quelque Chevalier desire d'avoir quelque viande differente, il en advertit l'vn de ces quatre Sur-intendans auant l'heure du disner, lequel commande au cuisinier d'aprester ce que le Chevalier aura demandé. L'on baille de la chair à tous, excepté le Mercredy, Vendredy, & Samedy, qu'ils mangent du poisson ou des œufs, & soupent, mais si c'est iour de ieusne, ils ne mangent qu'vne fois le iour du pain seul, & boivent de l'eau, ou bié mágent quelques herbes cuites, & du poisson exangue, comme seiches, poulpes, & escargots : & les auant veilles que nous obseruons toutes, nous les appellons abstinence, d'autant que nous n'y mangeons point de chair, & obseruons le Caresme ny plus ny moins que les veilles, esquelles nous ne mangeons point d'huile, les Prestres, soient Cheualiers, Freres seruants, ou Oblats ne mangent iamais chair dans le refectoir. Apres auoir celebré la feste de nostre sainct Eunuque, qui est le Mardy d'apres Pasques, nous faisons abstinence iusques à la Pentecoste, en memoire des glorieux Apostres, lesquels pendant ce temps là se tenoient cachez de crainte des Iuifs. Nous faisôs aussi abstinence depuis le premier iour d'Aoust iusques à l'Assumption de nostre Dame, en reuerence aussi des mémes Apostres qui de differentes regions, se trouuerent alors à son sainct trespas. Et par les preceptes de l'Ordre nous sommes tenus de faire abstinence depuis la saincte Croix de Septembre, iusques au Dimanche de la Septuagesime: toutesfois les Abbez spirituels en peuuent dispenser, & donnent aussi permission pour cet effect au Doyen des Freres seruans, & au Prieur des Oblats, qui les peuuent dispenser à leur volonté, excepté toutefois les iours de vigile. Et tout de mesme que nous faisons, aussi font les Religieuses de nostre Ordre desquelles il y a grand nombre de Monasteres par toute l'Ethiopie. Pendant tous ces iours d'abstinence, nous pouuons manger des œufs & toute autre chose, fors de la chair.

*De l'occupation & exercices des Chevaliers militaires, & des lieux & iours deſtinez à cela: comme on les enuoye à la guerre, leur equipage, & comme ils y ſont entretenus.*

## CHAPITRE IX.

LEs occupations des Commandeurs ſont les exercices militaires: ils s'aſſemblent tous comme en Chapitre le iour de Mercredy auec l'Abbé militaire, & ſi c'eſt en temps de guerre ils traictent là des choſes qui y ſont neceſſaires: mais ſi c'eſt en temps de paix il y a des iours deſignez, ſçauoir le Mardy & le Ieudy, auſquels les Commandeurs ſortent à Cheual, & dans vn lieu ſeparé des Cloiſtres & de l'Egliſe (neantmoins dans l'enclos de l'Abbaye) ils iouſtent, font tournois, courent la bague, combattent auec des cannes & roſeaux, eſcriment, & font d'autres diuers exercices propres aux Cheualiers, pourueu qu'en ces iours là il ne ſoit pas feſte, car en ce cas ils s'occupent à l'oraiſon, & aſſiſtent à l'Office diuin, qui eſt le but de l'inſtitution des feſtes. Si quelque Cheualier ne ſe plaiſt pas à demeurer dans l'Abbaye, ny d'eſtre renfermé, ains deſire d'aller à la guerre; il propoſe ſon intention au Chapitre du Mercredy, & en eſtant ſorty, on delibere s'il eſt expedient de le luy permettre ou non, & ſi (comme il aduient quelquesfois) le Cheualier eſt actif & turbulent, le Doyen des Cheualiers (qui eſt la ſeconde perſonne apres l'Abbé) le faict entendre en Chapitre, diſant qu'il vaut mieux l'enuoyer à la guerre pour quelque

sainct Antoine en Ethiopie. 49
quelque temps, pour temperer son humeur trop boüillante, & cela dit, on luy donne permission d'y aller. Quand vn Cheualier a demandé telle licence, il peut retourner en son Abbaye quand bon luy semble: mais si l'Abbé luy commande de se tenir là, soit à cause de son inquietude, ou bien qu'il le iuge necessaire, il ne peut quitter l'armée ny retourner en son Conuent, sans l'expresse licence du Chapitre de son Abbaye. On baille aux Cheualiers que l'on enuoye à la guerre, vn Cheual, & des armes, & vn seruiteur pour les accompagner iusqu'à la garnison, où on leur assigne leur demeure: en toutes les garnisons, chacune Abbaye a ses tentes & pauillons, & au milieu d'iceux vne enseigne arborée, où sont les armes & deuises de l'Abbaye, les Commandeurs ont

D

dedans ces tentes tout ce qui leur est necessaire pour leur seruice & nourriture, comme aussi plusieurs F. seruans & Oblats qui sont tous soldats. Les Cheualiers profez qui portent la Croix mangent ensemble, & les Nouices qui n'ont pas paracheué les neuf années de leur probation, & ne portent point de Croix, mangent ensemble à part. Et si quelqu'vn qui est condamné d'aller à la guerre, ou conduit en icelle comme soldat Grec, arriue aux tentes de l'Abbaye de la ville d'où il est party, il ne mange pas auec les Cheualiers profés, ny auec les Nouices, sinon qu'il soit Cheualier; mais s'il est citoyen, il mange auec les F. seruans, & conuerse parmy eux, & s'il est Plebée, auec les Oblats. Tous les Cheualiers qui sont aux garnisons sont nourris & entretenus de tout ce

*S. Antoine en Ethiopie.*

qu'ils ont besoin aux despens de leurs Abbayes, & n'est permis à aucun Cheualier d'aller aux tentes d'vne autre Abbaye sans la permission de son Superieur & Capitaine. En chaque tente ils ont vn Prestre qui leur celebre la Messe, & leur administre les Sacremens, qui est d'ordinaire l'vn des Prestres, Freres seruás, ou Oblats, desquels nous parlerons maintenant: & voicy l'ordre que l'on tient dans les garnisons, qui sont trois, comme i'ay dit.

---

*Des Freres seruans & Oblats de leur*
*Nouiciat & habit, vœux &*
*profession.*

### Chap. X.

Vant aux F. seruás & Oblats, qui ont leurs Cloistres separez

D ij

les vns des autres, les freres feruants ont chacun ſa chambre ou cellule, ils mangent tous par eſcadres, excepté les Preſtres qui mangent tous enſemble, & ſont ſeruis par les Oblats, & leur Abbaye leur fournit tout ce qu'ils ont beſoin pour leur viure. Ces freres feruans font douze ans de ſeruice en la Religiõ, neuf à la guerre, & trois dans l'Abbaye; ayant paracheué leur neuf années à la guerre, ils prenent vn certificat du Capitaine des Cheualiers de la garniſon où ils ont ſeruy, & ſans autre preuue, l'Abbé ſpirituel les reçoit pour ſeruir trois ans dans l'Abbaye, leſquels eſtans expirez, ils font vœu ſolemnel de perpetuelle obeyſſance au grand Abbé, & aux Superieurs, & d'aller à la guerre toutesfois & quantes qu'ils y feront enuoyez, & de garder la reigle & les constitutions de l'Ordre. Ces freres seruans portent vne soutane noire, qui vient iusqu'à la moitié de la jambe, & par dessus vn manteau long iusqu'en terre plissé au collet, auec vne chappe noire, qui est le mesme habit que portent les Chanoines de Beneuent en Italie, & n'y a que cette difference que lesdits Chanoines portent vn bonnet carré, & lesdits freres seruans le portent rond. Ils portent toujours cet habit, soit qu'ils aillent à la Communion, ou que l'Abbé les mande, ou bien qu'ils aillent au Chapitre, ou qu'ils sortent de la maison. Ces freres seruans commandent à tous les Oblats, & si lesdits freres seruans font quelque faute, leur Doyen le fait entendre à l'Abbé spirituel, qui ordonne de la peine & du chastiment qui leur est deu. Les serviteurs nommez Oblats ont leur cloistre separé, leur habit est vn peu different de celuy que portët communément les seculiers de la ville où ils sont. Lors qu'on les reçoit, ils font serment simplement entre les mains de l'Abbé spirituel, qu'ils rendront perpetuelle obeyssance aux Abbez & Superieurs. Ils seruent à la guerre & aux Abbayes autant de temps que les freres seruans.

---

*Des grands perils où s'exposent les Abyssins pour atteindre le degré de noblesse, sans lequel ils n'y peuuent paruenir.*

## CHAP. XI.

IL y a vne loy & constitution dans l'Ethiopie que firent & establirent les Pretejeans, Iean le Saint & Philippe septiesme, que les Empereurs d'Ethiopie ne peuuent ennoblir aucun Citoyen ny Plebée, & est porté par cet institut, que nul ne peut paruenir au degré de noblesse, sinon par la seule vertu des armes, en cette sorte. Si dans la famille d'vn Citoyen il se trouue que sept d'entr'eux ayent fait chacun vn fameux exploict de guerre, comme d'auoir pris vn Roy, ou vn Capitaine general d'armée, auoir emporté vn drapeau en bataille, rópu seul vn exercite, ou fait autre chose semblable, tous les Citoyens de cette famille sont ennoblis, & l'Empereur leur donne alors leurs priuileges, & des armoiries de telle façon qu'il luy plaist. Tout de mesme, si en la famille d'vn Plebée il se rencontroit que sept de leur lignée eussent faict sept fameux exploicts, incontinent l'Empereur feroit tous ceux de cette famille là Citoyens, & jouyroiét de mesmes priuileges qu'eux, mais ils ne peuuent auoir aucunes armoiries: & si cette mesme famille faisoit derechef sept autres fameux exploits de guerre, tous ceux de cette lignée paruiédroiét au degré de noblesse, & l'Empereur leur donneroit alors, côme à personnes nobles leurs priuileges & armoiries. De sorte que s'il se rencótroit dans la Religion quelque frere seruãt, (qui sont côme i'ay dit tous Citoyens) lequel eût déja en sa lignée six de tels exploicts genereux que i'ay recité, & que luy, ou bien vn autre de sa famille en fist encore vn, accomplissant ainsi le nóbre de sept, tous ceux de son lignage seroiét ennoblis par l'Empereur, & luy mesme aussi seroit fait Cómandeur dás l'Ordre mis au nóbre des nobles & Cheualiers, traicté cóme tel, & enuoyé dans leur Cloiſtre. Ny plus ny moins auſſi vn Oblat de la Religion (bien qu'il ſoit plebee) mōteroit de grade, s'il arriuoit que luy, ou quelqu'vn de ſa famille eut fait & accomply le ſeptieſme exploit fameux à la guerre, & ſeroit auec tout só lignage mis au rang des Citoyens, & cóme tel admis au Cloiſtre des Freres ſeruants: & ſi cette meſme famille accompliſſoit encore ſept autres genereux faits d'armes, tous ceux de de ladite famille ſeroient nobles, & le F. ſeruant receu en l'Ordre des Cheualiers. Et à l'occaſion de cette loy & loüable couſtume, pluſieurs s'excitent & animent leur courage à entreprendre de grands exploicts militaires, meſpriſent les perils & les dangers, pour paruenir au degré de Noblesse, où ils aspirent, & cette coustume redonde à grande vtilité à l'Empire, aux guerres qu'il a contre ses ennemis, vn homme seul faisant quelquefois plus que mille.

---

*Du grand nombre des Conuents de S. Antoine en Ethiopie, beauté de leur edifice, du nombre de leurs Cloistres, des portiers, du parloir, & de la Ceremonie que les deux Abbez Spirituel & militaire obseruent la veille de S. Antoine.*

## CHAP. XII.

TOus ceux de l'Ordre, tant les Cheualiers militaires, que les Freres seruäts & Oblats, qui demeurent dans les Conuents, & qui sont aux garnisons, sont obligez de se confesser & communier le premier Dimanche de chaque mois : & cela s'obserue non seulement entre ceux de nostre Ordre, mais encore parmy tous les Abyssins seculiers, & ceux qui ne l'obseruent sont excommuniez en leurs paroisses, tout ainsi que l'on excommunie icy en Europe ceux qui manquent de se communier à Pasques. Il y a vne Abbaye de nostre Ordre en chacune ville de l'Ethiopie, & on nomme ville vn lieu où il y a mille habitations: or il y a deux mille cinq cens villes en cet Empire, & par consequent autant de Conuents ou Abbayes, qui sont toutes edifiees au dehors des villes en forme de Chasteau: en chacune d'icelles il y a quatre Cloistres, sçauoir est, des Religieux, des Cheualiers, des Freres seruants, & des Oblats. Chacune Abbaye a vne grande & principale porte, où assiste vn ancié Commandeur, de vie exemplaire, lequel on eslit chaque mois pour cet effect, & tous les Samedis on designe deux Freres seruants & deux Oblats pour son seruice. Lors que quelqu'vn demande vn Commandeur, ce portier enuoye vn de ces Freres seruants au Cloistre des Nobles, qui trouue là vn ancien portier, lequel on eslit aussi chasque mois, & a pour l'accompagner deux ieunes Cheualiers, le Frere seruant estant arriué à cette porte fait son message, & l'vn de ces ieunes Cheualiers va aduertir le Cheualier que l'on demande, lequel va prendre la permission de l'Abbé spirituel, ou bien la fait prendre par vn autre, & si c'est vn ieune Cheualier, on enuoye d'ordinaire auec luy vn ancien Cheualier pour l'accompagner, qui est toujours present, & entend tout ce qui se dit là. Mais cette permission ne se donne point en Caresme

S. Antoine en Ethiopie.

ny les Mercredy & Vendredy : & pendant ces iours là les Cheualiers ne peuuent sortir hors du Cloistre pour aller se promener, ny parler à aucune personne seculiere. Il y a vn parloir en chacune Abbaye, fait en forme d'vne grande salle auec plusieurs grilles, à la façon des parloirs des Religieuses auec vne seule grille de fer, encore sont elles bien larges & esloignees côme des grilles de fenestre, là où les Cheualiers ont de coustume de parler à ceux qui vienét. Tous les ans sur l'heure des premieres Vespres de nostre glorieux Pere S. Antoine, les deux Abbez Spirituel & Militaire, font vn acte d'humilité de grande edification, qui est tel, qu'encore que leur charge ne soit limitée pour vn certain temps, ains perpetuelle, on a introduit vne saincte & genereuse coustume, que chacune annee à l'heure susdite tous les Commandeurs tant Prestres que militaires s'assemblent en Chapitre, & en presence de tous l'Abbé spirituel declare qu'ayant exercé cete dignité tant d'annees, & serui en icelle selon son possible ; neantmoins se connoissant indigne & incapable d'vn tel gouuernement, estant vne charge qui surpasse de beaucoup sa foiblesse, il est prest de la quitter & remetre volontairement entre les mains du Chapitre, afin qu'il puisse libremét eslire celuy qu'il iugera plus conuenable pour l'exercer, & cela dit, il sort du Chapitre. Alors le Doyen des Prestres fait vne harangue en faueur dudit Abbé, loüant sa vertu, sa vie exemplaire, & ses bonnes mœurs, exagerant son bon gouuernement, auec autres particularitez, puis coclud son discours disant que selon son aduis, & suffrage, il doit estre cofirmé par le Chapitre en dignité & sa Prelature, lequel acquiesçant aux raisons du Doyen, & luy applaudissant, va querir l'Abbé, & le confirme en sa dignité, & alors il recommance à exercer sa charge. Cet acte de renonciation estant paracheué, l'Abbé militaire en fait autant, & y procede en la mesme forme, & s'il arriue quelquefois que les Abbez ayent delinqué contre la reigle, ou les constitutions, on accepte leur renonciation : & le Chapitre apres auoir escrit au grand Abbé, procede par sa permission, & de son conseil, à nouuelle ellection ; si c'est l'Abbé militaire, & si c'est l'Abbé spirituel, le plus ancien luy succede. Si toutefois quelqu'vn desdits Abbez desire quitter sa charge, soit à cause de maladie, ou autre empeschement legitime, il faut qu'il en aduertisse tout le Chapitre en corps, huict iours auant la feste de nostre bien-heureux Pere S. Antoine, afin que quand viendra le iour qu'il doit faire sa renonciation, (qui est la vigile de la feste) elle soit acceptee.

---

*Des reprehensions & penitences desquelles on vse en cet Ordre, & des visiteurs d'iceluy.*

## CHAPITRE XIII.

Les deux contrepoids & principales rouës, par lesquelles l'horloge d'vne Communauté bien reiglee se conduit & se gouuerne, sont la recompense & le chastiment,

dont

dont aucun des Abbez ne peut difpofer, ny en vfer fans l'auis des Chevaliers du Confeil, qui font fix, sçauoir eſt, trois Religieux, & trois militaires, perfonnages fort difcrets, & de grande experience: & fi la faute eſt publique, on impofe vne penitence publique. mais fi elle eſt fecrette, n'eſtant fceuë que de l'Abbé feul & de ceux de fon Confeil, l'Abbé fpirituel fait appeller le plus proche & plus ancien parent du delinquant, ou bien l'vn de fes meilleurs & plus intimes amis, & leur dit, Allez à la chambre d'vn tel Chevalier ; voſtre parent, ou voſtre amy, & luy faites vne reprimande pour vne telle faute. On obferue cet Ordre, parce que le parent ou amy peut efmouuoir auec plus d'efficace qu'vn eſtranger, bien que Superieur; d'autant qu'il peut parler plus librement que ne feroit pas vn Iuge, qui ne doit pas s'enhardir à dire plusieurs choses, qui sont mieux seantes en la bouche d'vn parent, ou d'vn amy, & qui d'ordinaire touchent plus au vif, & apportent vn remede salutaire à ses fautes sans aucune violence, aussi que celuy qui reçoit la correction ne s'irrite pas des paroles d'vn parent ou d'vn amy, comme il feroit de celle d'vn iuge, & encore plus si elles estoient dites en public, car vn courage magnanime a vn grand ressentiment, quand il pense que ses defauts qui estoient cachez, sont manifestez publiquement en plein Chapitre par son Prelat, & c'est ce que nous apprend l'ancien Adage Espagnol, parlant de cette forme de correction, & disant;

*Martin Pelaez à regret*
*Reprenoit le Cid de ses fautes:*
*Car les ames nobles & hautes*
*Se doiuent reprendre en secret.*

C'est ainsi que l'on corrige les fautes secretes, mais quant aux publiques, il y a des constitutions qui leur imposent des peines, lesquelles on execute exactement.

Quant est des visites des Conuents & Abbayes, le grand Abbé & son Conseil nomment tous les ans deux Cheualiers Religieux & quatre militaires, tels que bon leur semble, qu'ils enuoyét auec leurs seruiteurs faire la visite en vne autre Prouince, car nul ne peut estre Visiteur en la sienne. Quand lesdits Visiteurs arriuent en vne Abbaye, les deux Abbez & le Conseil sortent pour les receuoir: puis font assembler le

Chapitres, où ils monſtrent leurs pouuoirs, & lors commencent leur viſite; reformans & pouruoyans par ce moyen à tout ce qu'ils voyent eſtre de beſoin.

---

*Des infirmes & malades, & de l'aſſi-*
*ſtance qu'on leur rend: des ceremo-*
*nies de leurs obſeques lors*
*qu'ils decedent.*

### Chap. XIV.

SI quelque Cheualier tombe malade, il donne la clef de ſa Cellule à l'Abbé militaire, qui la baille au grand Infirmier, & on le porte à l'Infirmerie, car il y a en chacune Abbaye vn lieu deſigné pour les malades, qui eſt pourueu de remedes, rafraichiſſemens, & toutes choſes commodes, & necessaires pour le seruice des malades : que si le malade recouure sa santé, l'Infirmier luy rend sa clef, & s'il vient à deceder, il la baille à l'Abbé militaire. Si le Medecin dit que la maladie est mortelle, on luy donne incontinent les Sacrements, qui luy sont administrez par les Cōmandeurs Prestres, & on designe douze Cheualiers pour le veiller, & demeurer en sa chambre, qui sont departis deux à deux à diuerses heures, & vn Religieux Prestre qui ne l'abandonne point iusqu'à la mort, qui le confesse & reconcilie, priant sans cesse, & luy aydant en ce laborieux & ineuitable passage. L'Abbé militaire & le spirituel sont obligez de visiter le malade deux fois le iour, le matin & le soir, & en cas qu'ils ne puissent y aller, ils y doiuent enuoyer le

Doyen. Le Cheualier estant trespassé, il vient douze F. seruants qui luy vestent vne soutane noire longue iusqu'aux pieds, auec le Taf bleu à la poitrine, & tous les Commandeurs reuestus de leurs habits, auec des cierges allumez en leurs mains le portent au Chapitre, où se rendent les Commandeurs Prestres qui disent pour luy l'Office des deffuncts: lequel estant paracheué, les Cheualiers portent le corps au Cymetiere destiné pour les Commandeurs militaires, où ils l'enterrent; & proche duquel il y en a encore trois autres, sçauoir celuy des Prestres, l'autre pour les F. seruans, & le dernier pour les Oblats. Le lendemain les Prestres celebrent Messe au Cymetiere où il est enseuely, car en chacun d'iceux il y a Chappelle ou Autel. Et on fait le mesme à tous ceux qui meurent en l'Abbaye de quelque condition qu'ils soient : mais les Abbez spirituel & militaire seuls, ont vn lieu destiné dans le Cymetiere pour leur sepulture : & l'Abbé spirituel est enterré en habit Pótifical, & porté en terre par des Prestres reuestus des ornemés dequoy ils celebrét la S. Messe, & le Doyen des Prestres reuestu de son habit religieux porte la Crosse Abbatiale, & l'Abbé militaire porte l'espee. Auant que le mettre en terre tous les Cheualiers luy font la reuerence, & luy baisent la main chacun en son rang ; & apres eux les Freres seruants, & les Oblats en suitte. Quand on porte en terre l'Abbé militaire, il est tout armé, & le Doyen des Cheualiers porte l'espée deuant luy, puis apres luy ostant les armes, on les reuest de l'habit de la Religion, & est ainsi enterré.

---

*De l'eslection du grand Abbé, du lieu de sa residence, de son Conseil, des festes qui se font apres son eslection, du seruice, & splendeur de sa maison.*

## Chap. XV.

IL me semble estre necessaire de traicter de l'eslection & grandeur du grand Abbé ( ou comme on dit en Europe ) du grand Maistre, lequel fait sa continuelle residence en l'Isle fameuse de Meroë, parce qu'ayant chassé les Maures hors d'icelle, qui en auoient ja conquis vne grande partie, tandis que le Preste-jean Claude estoit empesché à la guerre du Royaume d'Adé:

S. Antoine en Ethiopie. 73
le mesme Empereur, & apres luy Alexandre troisiesme, la donnerent absolument de nostre temps à l'Ordre de S. Antoine, afin que les Cheualiers de cet ordre la deffendissent, & fissent leur ordinaire sejour en icelle, auec le grand Abbé, qui est le chef de toute la Religion, & qui a jurisdiction sur tous les Commandeurs, combien qu'il ne puisse se faire aucune chose d'importance, sinon par l'aduis de son conseil: tellement que quand on enuoye quelque depesche, ou quelque expedition, ou prouision, elle commence ainsi: *Tel, Grand Abbé de l'Ordre militaire & Religieux de S. Antoine, de l'aduis de son Conseil, commande telle & telle chose.* Ce conseil est composé de douze Cheualiers Militaires, & de douze Cheualiers Religieux, & partant est establi de vingt qua-

tre Conseillers, lesquels sont choisis d'entre quarante deux Religieux & quarante deux Militaires, qui sont enuoyez des quarante deux Prouinces de l'Ordre, en prenant deux de chaque Prouince, vn Religieux & vn Militaire. On eslit le grand Abbé alternatiuemét, de l'vne de ces Prouinces, puis apres de l'autre, tellement que si cette fois il est de cette Prouince, l'autre fois il sera de l'autre ; & cela se fait selon l'ordre que les Prouinces tiennent entr'elles. On y obserue encore vne autre coustume, que si le grand Abbé est maintenát Religieux Prestre, l'autre qui luy succedera sera Cheualier militaire ; les Cheualiers Religieux & les Militaires entrans ainsi alternatiueméten cette dignité, afin que tous iouïssent égalemét de l'hóneur de la maistresse, comme ils ont participé au trauail. Ceux qui sont sortis de royale lignée ne peuuent estre promeus à l'office de grād Abbé, parce qu'il sēble que si la grande puissance de l'Abbé general de cet Ordre, se trouuoit cōjointe auec celle du sang royal, de l'vne de ces 42. prouinces qui cōposent cet Empire, il en pourroit naître de grāds mouuemēs qui ne seroiēt pas faciles à appaiser. Cette dignité est perpetuele, & ne finit que par la mort qui met fin à tout. & l'Abbé venāt à deceder on fait les obseques auec grāde solēnité pendant l'espace de trēte jours. Cependant on publie l'electiō future, & on enuoïe appeller vn Euesque & trois Abbez, qui estoiēt déja designez pour confirmer & benir le grād Abbé qui doit estre esleu, auec plusieurs oraisons propres à cette action. L'Euesque & les trois Abbez estans arriuez, le Conseil declare à quelle Prouince appartient le siege Abbatial, & si l'Abbé doit estre Prestre, ou Militaire, & comme j'ay dit, cette ellection tombe tousiours en la personne de l'vn des deux Procureurs generaux que chaque Prouince tient à la Cour du Grand Abbé, l'vn Prestre, & l'autre Militaire, lesquels sont choisis entre ceux de leur Prouince, pour hommes de grande valeur, experience, & merite, tel que doit estre vn Chef de Religion si puissant, & de telle dignité & majesté : tellement que si le grand Abbé doit estre Prestre, ceux du Conseil elisent & nomment pour tel, sans insistance aucune, celuy des deux Procureurs generaux qui est Prestre ; & s'il doit estre Militaire, ils elisent pour Abbé celuy qui est militaire, puis l'Euesque &

les deux Abbez le confirment & le beniffent, auec les ceremonies accouſtumées. L'eſlection eſtant faite, elle eſt incontinent publiée par toutes les Abbayes & maiſons de l'Ordre, où il ſe fait de grandes feſtes & rejouyſſances, principalement en celle dont le grand Abbé eſt fils de Profeſſiõ, de laquelle tous les Cheualiers Religieux & Militaires ſortent en proceſſion auec tous les freres ſeruants, & les Oblats, & s'en vont à la maiſon du plus proche parent du grand Abbé nouuellement eſleu, pour s'en conjoüyr auec luy : puis le mettant au milieu des deux Abbez, Spirituel & Militaire, ils le cõduiſent dans l'abbaye, où ils luy font grande careſſe, & le feſtinent auec toute ſa famille l'eſpace de huict iours. Les Cheualiers font durant tout ce temps là force jouſtes & tournois, combatét armez à cheual, & font pluſieurs autres jeux & paſſe-temps, & l'octaue eſtant finie, ils les remeinent en leur maiſon, auec le meſme honneur, & en proceſſion comme on les y auoit amenez. Le grand Abbé porte vne Croix bleuë qui luy trauerſe tout l'eſtomach, qu'autre que luy ne peut porter. On le ſert auec grande majeſté & ceremonie, car pour le ſeruice de ſa ſeule perſonne, il a cét Cheualiers Commádeurs, choiſis entre deux mil ſept cens de cette qualité, qui ſont enuoïez des Abbayes, vn de chacune, pour aſſiſter d'ordinaire à la Cour du grand Abbé, outre tant d'autres qui y reſident en qualité de Procureurs de leurs Abbayes. Auec ces cét Cheualiers Cómandeurs, il a encore cét F. ſeruãs, & cét Oblats à ſon ſeruice, leſquels ſe changent de mois en mois, afin que tous s'emploient & soiét égaux au trauail, cóme ils le sont d'habit & de professió. Chaque prouince tient vn Prestre à la Cour du grand Abbé, tellement qu'il s'y en trouue tousiours 42. entre lesquels on fait choix de douze pour le Cóseil du grand Maistre, & les autres ont charge de celebrer les Messes, & administrer les Sacremés à l'Eglise du grád Abbé, lequel máge toujours seul, & ceux de son Conseil ensemble, & tous ceux qui sont à son seruice demeurent auec luy dans l'Abbaye. Aucun des autres Commandeurs n'a pouuoir de demeurer dans la ville, mais bien au dehors, dessous leurs têtes & pauillons, comme s'ils estoient à la guerre. On prend de tout le corps de la Religion douze mille de ces Commandeurs Militaires pour la garde de la personne Imperiale du Pretejean, & on tire aussi d'entr'eux tous les officiers de sa Cour.

*De sa puissance & estenduë de son Domaine, de son reuenu, & des grandes despences qu'il supporte pour les guerres de l'Ethiopie.*

CHAP. XVI.

LE grand Abbé est Seigneur absolu auec toute Iurisdiction de la grande Isle de Meroë, qui est enuironnée du fleuue du Nil; & tous les droicts & les tributs que tous les Royaumes d'Ethiopie payent à l'Empereur, qu'on nomme icy le Pretejean, ceux de cette Isle les payent au grand Abbé, & toutes les mines de l'Isle, qui sont en grand nombre

nombre, luy appartiennent entierement. Aucun des habitans de cette Isle ne peut receuoir l'habit de la Religion, ny les Peres ne sont obligez de donner l'vn de trois de leurs fils à l'Ordre, comme sont tous les autres de l Empire d'Ethiopie: parce que tous les habitans de l'Isle sont vassaux de l'Ordre, & le grand Maistre les peut enuoyer à la guerre quand il luy plaist. L'Isle vaut enuiron deux millions de reuenu par chacun an, compris les mines & les tributs que le peuple paye, parce qu'il y a trois Royaumes dans l'Isle, & cōpris aussi les tributs que payent les Maures & les Iuifs qui de toute l'Affrique passent à la Mecque, & de ceux aussi qui veulent passer de l'Arabie aux autres Royaumes d'Affrique, car il faut necessairement passer par cette Isle : Les

F

Maures payent vn Sequin d'or pour teste, qui vaut douze reales d'Espagne, & les Iuifs, deux, outre le doannes qu'ils payent pour les marchandises qu'ils portent, & pour celles aussi qu'ils achetét dans l'Isle, les seules Abbayes de l'Ordre en sont exemptes, qui peuuent tirer de l'Isle telles sortes de marchandises qu'il leur plaist sans payer aucune chose. Et outre ce que j'ay dit, la Religion reçoit aussi le tribut que paye le Turc à l'Empereur, pour les eaux du Nil, qui est de soixante mille sequins par chacun an, & se paye dans le Cayre, à l'Abbé de nostre maison de sainct Machaire, comme nous verrons tantost. Ces reuenus sont destinez pour l'entretien du grand Maistre, & le surplus est mis dans le thresor de l'Ordre, & lors qu'il

S. Antoine en Ethiopie. 83

conuient faire quelques frais & despenses, & pouruoir des choses necessaires, suruenant quelque guerre au Pretejean, le grand Abbé est tenu de faire le tout à ses despens, & l'Empereur ne fait aucuns frais pour ce qui est de la guerre. Les biens & reuenu des Abbayes particulieres consistent seulement en troupeaux, dont ils ont grande quantité, comme Elephans, haras de cheuaux, moutons, vaches, chevres, & troupes de porcs: en semailles, labourages, & pasturages, vergers, & herbages, & s'entretiennent de telles choses, sans auoir aucunes Seigneuries, villages, vassaux, ny sujets: que s'il se descoure quelque mine dans la terre de quelque Abbaye, elle apartient sans nul contredit à l'Abbaye, & le Pretejean n'en prend point le dixiesme,

F ij

comme il fait de tous les autres qui ont quelque mine en leur terroir.

---

*Des Religieuses de l'Ordre de S. Antoine en Ethiopie, de leur Noviciat, habit, Profession, & estroite closture.*

## Chap. XVII.

IL me semble que ce seroit faire tort aux Religieuses de mon Pere S. Antoine, qui sont dans l'Ethiopie, si ie ne disois quelque chose d'elles pour la consolation de tous, & particulierement des Religieuses de l'Europe : & pour ne commettre cette faute, i'en veux dire deux mots auant que de paracheuer ce traicté. On les reçoit dans les Monasteres (dont chacune ville a le sien) en l'âge de vingt-cinq ans, & on les tient l'espace de cinq ans dans vn cloistre, separé de celles qui sont consacrées, où elles font Nouiciat, vestués de leur habit seculier, & viuent là dedans tout ainsi que les Religieuses Professes. Et si pendant ces cinq années elles ne trouuét cette vie à leur gré, ou que pour quelque autre sujet elles vueillent sortir du Monastere, il leur est permis de ce faire : que si elles veulēt demeurer dans la Religion, & prendre l'habit, on le leur donne, pourueu que leurs parens y consentent : & lors leur couppant les cheueux, l'Abbé Spirituel du Conuent des Cheualiers de cette ville là, leur met l'habit, auec lequel elles demeurent autres cinq ans au Nouiciat, lesquels estans expirez, l'Abbé Spirituel & les parents de la Religieuse la viennent trouuer & luy demander si elle veut demeurer en Religion, parce que s'il luy plaist elle peut encore sortir: mais si au contraire elle desire d'y demeurer, alors elle fait les trois vœuz solemnels, entre les mains dudit Abbé; cela fait, il luy met vne coiffure noire sur la teste, & depuis, pere ny mere, ny autre personne que ce soit ne la peut plus voir iusques à la mort, sinon seulement l'Empereur Monseigneur lors qu'il va visiter ses Royaumes, car il visite aussi les Monasteres des Religieuses, où si tost qu'il est entré accompagné de l'Abbé Spirituel & d'vn Euesque, on ferme incontinent les portes, & alors l'Empereur les voit toutes. Elles gardent cette closture depuis le Pape Paul III. iusqu'à present. En toute leur vie elles ne mangent iamais de chair, si ce n'est en l'Infirmerie: Elles sont vestuës de noir, & les nobles, les Citoyennes, & les Plebées, demeurent en diuers Cloistres separez. Cela suffit quant à ce point.

---

*Des Maisons & Conuents de S. Antoine qui sont hors de l'Ethiopie, appartenans au mesme Ordre; & du tribut que paye le Turc au Preteiean annuellement pour les eaux du Nil, lequel appartient au grand Abbé de S. Anthoine.*

### Chap. XVIII.

Outre l'Ethiopie, l'Ordre a encore des maisós & des Cómanderies en plusieurs autres lieux, qui sont fournies de Religieuses seló que le grád Abbé & son Cóseil ordónét.

Les Abyssins qui resident en nostre College & Eglise de S. Estienne des Indiens à Rome, sont presque tous Religieux de nostre Ordre. Nous auons vne Eglise en Ierusalem, & vn Conuent qu'on appelle de la Saincte Couronne, où il demeure de nos Religieux, qui meinent vne vie saincte & tres-austere: ils logent & reçoiuent là dedans tous les pelerins qui y vont de l'Ethiopie auec beaucoup de charité. Cette saincte maison reçoit son entretien de l'Abbé de nostre Religion de S. Machairé, qui est dans le grand Caire, lequel entretient aussi vn Cheualier de nostre Ordre, qui demeure en la compagnie de certains autres Cheualiers dans Constantinople, pour remedier aux differens qui peuuent suruenir entre nous autres Abyssins, & le Turc, à cause du tribut qu'il nous paye, & des franchises & priuileges que nous auons sur ses terres. Nous auons aussi des demeures en Damas, & en Alexandrie, où demeurent quelques Religieux de nostre Ordre pour receuoir les Abyssins qui vont & viennent en Ierusalem, & les Marchands de nostre nation, car tous se retirent là dedans comme en leur maison. Mais la principale Maison que nous ayons hors de l'Ethiopie, est celle de sainct Macayre au grand Cayre, où resident plusieurs Religieux & Cheualiers de nostre Ordre, & les Abbez d'icelle sont tousiours des Personnages de grãde authorité & merite, car ce sont eux qui reçoiuent annuellemẽt les soixante mille sequins que le Turc paye de tribut au Prete-jean pour l'eau du Nil que l'on luy donne, afin qu'elle arrose la terre d'Egypte, & donne à boire à ses habitans. Et outre ce tribut, le Turc nous affranchit par tout son Empire, car les Marchands Abyssins n'y payent rien de toutes leurs marchandises qu'à raison que deux pour cent. Nos Empereurs ont donné ce tribut de soixante mille sequins, comme i'ay desia dit, à nostre Ordre de S. Antoine, de sorte que les Abbez de S. Macayre sont ceux qui sont deputez pour le receuoir, & cela se fait en cette sorte.

Tous les ans, le iour de l'Annonciation de la Vierge sacree, qui est le 25. de Mars, premier iour de l'annee entre les Abyssins, les Cheualiers qui font là leur demeure, font dresser vn theatre deuant la porte de l'Eglise de S. Macayre, sur lequel estant bien paré on pose quatorze

S. Antoine en Ethiopie. 91

sieges, les deux Abbez spirituel & militaire, s'assient sur les deux principaux, & sur les autres douze qui restent s'assient six Religieux & six militaires, tous reuestus, côme sont aussi les Abbez, de leurs habits Religieux. Estans tous assis, il arriue pres du Theatre vn Personnage enuoyé de la part du Bascha ou Viceroy du Cayre & de l'Egypte, accompagné de plusieurs autres, lequel estant monté sur le theatre, les Abbez & tous les Religieux & Militaires se leuent & luy font grande reuerence, auec force complimens: puis l'ayant fait asseoir dessus trois tapis à la mode des Turcs retournent se mettre sur leurs sieges, & alors addressant sa parole aux Abbez, il leur dit : *Messieurs, le grand Dieu & Mahomet, ont fait vostre Roy Seigneur*

& Maistre des eaux du fleuue du Nil, lequel vsant d'vn benefice enuers nous autres habitans d'Egypte, nous les concede & octroye, & lesdits habitans, afin de luy en rendre graces, luy font ce present, à cause du grand bien qu'ils reçoiuēt de cette eau, qui nous donne la vie & la nourriture, & le grād Soudan N. Prince vous affrāchit à ce suiet vous autres Abyssins, tant vos persōnes que vos marchandises selon la coustume. Et disant cela, il met la promesse de la somme susdite entre les mains de l'Abbé spirituel, qui la reçoit auec demonstration de grand contentement. Cela fait, le Turc se retire ainsi accompagné comme il estoit venu. Le iour ensuiuant, l'Abbé spirituel enuoye presenter par compliment au Bascha & Viceroy du grand Cayre, & de tout le Royaume d'Egypte, vne piece de fine escarlate, auec quelques ioyaux des plus riches & precieux par deux Cheualiers accompagnez de plusieurs Freres seruans & Oblats, & le Bascha ne manque pas puis apres d'aller visiter les deux Abbez spirituel & militaire dans leur Maison. Comme ie m'en allois d'Ethiopie à Rome, du temps du souuerain Pontife Gregoire XIII. de saincte memoire, Cigale estant lors Bascha du grand Cayre, ie me trouuay present à cette ceremonie, & veis receuoir ce tribut, qui est l'vne des choses qui fait voir dauantage la grandeur & maiesté du Prete-jean mon Seigneur, en confirmation dequoy ie veux rapporter icy ce qu'en a escrit le Docteur Louys de Bauia en la 3. Partie de l'histoire des Pontifes, imprimee en la presente annee 1609. viuant le souuerain

Chap.
6.
fol.
17.

Pontife Gregoire treiziefme, qui dit ainfi. L'an mil cinq cens feptante & deux, le Turc eut guerre du cofté de l'Ethiopie, pour auoir manqué d'enuoyer pendãt deux annees, le tribut qu'il a de couftume de payer à ce Roy: c'eft celuy qu'on appelle communement le Pretejean des Indes: quelques vns croyẽt que ce tribut luy eft enuoyé pour le foin qu'ont ceux de fon Royaume de departir en forte les eaux du Nil, par petits canaux, que quand il arriue en Egypte, il fert pour arrofer & fertilifer la terre, ce qui fupplee du tout au deffaut des eaux de pluye qui n'y tombent iamais, & non pas pour l'inonder & la deftruire: & cette annee pour faire reffouuenir les Turcs de leur negligence des deux annees paffees, ils acheminerent le Nil par les Cataduppes

S. Antoine en Ethiopie.

& lieux eſtroits de l'Ethiopie, en ſorte qu'arriuant en Egypte il y fit vn grand rauage, & noya la plus grand part de la Ville du Cayre, & le Beglerbey qui y reſide, pour ſe vanger de ce notable dommage, entra auec vne grande armee dans les confins de l'Ethiopie, détruiſant les Villages & le peuple qu'il rencontroit. Mais les Ethiopiens qui en eurent incontinent l'aduis, ſe mirent en deffence, & non contens de cela mirent le Beglerbey en telle deroute, que pour la crainte d'vne plus grande perte que celle qu'il auoit receuë, il ſe retira le mieux qu'il peuſt. Et le Turc luy enuoya commander qu'il donnaſt au Prete-jean la plus grande & ample ſatisfaction qui luy ſeroit poſſible, & moyennant cela, il luy auoit payé le tribut:

le Prete-jean se tint coy, & le Turc encore dauantage, pour la grande perplexité où cette guerre l'auoit mis. Voila les propres termes de cet Autheur: Qu'on lise l'Ariofte au 33. Chant, qui parle aussi de ce tribut, en l'information qu'il a fait de la terre saincte, les paroles duquel ie ne me suis pas resolu de raporter icy, afin de retourner aux Religieux de mon Ordre, & paracheuer incontinent ce traicté. Ie diray donc qu'ils sont tellement en bon exemple, qu'ils sont tenus par les Payens mesme, pour de grands seruiteurs de Dieu, & afin de les imiter plusieurs Negres de l'Affrique de Monomotapa, du Royaume de Guguraga, de Zappe, de Pappeyes, & autres de cette partie du monde, qui sont tributaires de nostre Empereur, par le commandement duquel

quel i'ay voyagé dãs ces Prouinces, plusieurs, dis-je, de ces Gentils Idolatres qui font profession de seruir leur Dieu, se retirent dans les Cambues & aux deserts, menans vne vie solitaire & austere, à l'imitation de nos Religieux de S. Antoine, & de plusieurs Anachoretes qui militent sous le mesme Sainct, desquels il y a grand nombre par toute l'Ethiopie: ils portent vn habit noir auec le Taf bleu, & pensent en cela faire chose agreable à Dieu, & pour le benefice de leurs ames. Et il aduient bien souuent, que ces simples Idolatres qui ont commencé comme en se mocquant, seruent puis apres Dieu tout à bon esciét, car s'ils sont persuadez par quelque bon Chrestié, ils se font facilemét baptiser, & ceus qui embrassét le Christianisme sont receus dans nos Conuents & Abbayes, où ils sont cathechisez, & bien instruits en la vraye & saincte foy de nostre Seigneur IESVS-CHRIST.

# BREF DISCOVRS,

comme par tout le móde il y a des Religieux de l'Ordre de S. Antoine Abbé, & cóbien il est florissant.

*Qu'il y a des Religieux de l'Ordre de S. Antoine en tout l'Vniuers, qui sont sous la direction de trois Prelats & Chefs generaux en Ethiopie, au mõt de Sion, & en Dauphiné en Frãce.*

## CHAP. XIX.

CE sainct Ordre de mon glorieux Pere S. Antoine Abbé, qui se dilate & s'estend par tout le monde, a trois Prelats & Chef generaux; à chacun desquels rendent obeïssance leurs Religieux, qui habitent en diuerses terres & Prouinces; & qui different en mœurs & coustumes, selon le Chef & Prelat auquel ils obeïssent; comme par exemple les Religieux & Com-

G ij

mandeurs d'Ethiopie & d'Affrique qui obeissent au grand Abbé qui fait residence en l'Isle de Meroë, sont differents en quelque chose de ceux qui obeissent au Chef & Prelat qui reside au Monastere du mont de Sion en Asie, & les Religieux & Moines qui reconnoissent cet Abbé du mont de Sion pour leur Chef, sont encore differēts en mœurs des Religieux & Commandeurs de l'Europe qui ont pour Chef & Prelat l'Abbé de la Congregation de Viennois en France. Et neantmoins ils sont tous freres d'vne mesme Religion, enfans d'vn mesme Pere, & se reconnoissent pour tels par tout le monde, ils portent tous l'habit noir, & vne mesme marque qui est le Taf bleu de leur Pere Sainct Antoine, comme nous dirons.

Le principal de ces trois Prelats, & qui a plus de Religieux sous soy, soient Moines ou Militaires, car il n'y a point d'Ordre militaire de S. Antoine sinon dedans l'Ethiopie, c'est le grand Abbé qui reside & est Seigneur, comme i'ay dit, de l'Isle fameuse de Meroë en Ethiopie, lequel comme i'ay fait voir à vne infinité de grandes Abbayes, & iusqu'au nombre de deux mille cinq cents. Et outre cela il a des Conuens & des Religieux, presque par toute l'Affrique, desquels il est le Chef, ainsi qu'il a esté dit en traictant de la vie des Cheualiers religieux & militaires de l'Ethiopie.

*De l'Abbé du mont de Sion en Asie, sous l'obeissance duquel sont tous les Religieux de S. Antoine d'Orient, comme Maronites, Iacobites, Georgites, Armeniens, & autres nations.*

## Chap. XX.

LE Prelat qui a plus de Moynes & Religieux apres celuy des Abissins, & des Conuens & Abbayes plus florissantes de cet Ordre sacré de sainct Antoine Abbé, c'est l'Abbé du mont de Sion en Asie, car il a en toute cette quatriesme partie du monde des Religieux, & des Conuens qui viuent sous ses loix & constitutions, & le tiennent pour leur Chef. C'est à sçauoir les Chrestiens Maronites, qui ont plusieurs Conuens & Abbayes de leur Ordre par toute la Palestine, & la Mesopotamie, où ces Maronites font leur demeure. Ils conuiennent auec le Patriarche d'Antioche, qui est aussi d'ordinaire vn Religieux de S. Antoine. Le tres-deuot Cardinal de la saincte Eglise Romaine, Dom Antoine Caraffe estoit protecteur de cette nation Maronite, à laquelle il laissa tous ses biens & ses moyés pour fonder vn College à Rome, cóme ils ont fait, afin d'y apprédre les mœurs de la S. Eglise Romaine, de sorte que les Maronites ont aussi des Religieux de S. Antoine à Rome.

Les Chrestiés Iacobites de nation, qui habitét en la Iudee, Mesopotamie, & autres Prouinces, cóme en la terre de Hur, & vallee de Membrot, ont aussi en tous ces pays là des Abbayes & des Religieux de l'Ordre de mon Pere S. Antoine.

En la terre des Georgiens aussi, au Royaume de Perse qui sont enfans de l'Eglise Romaine, & dans la grãde Armenie, il y a plusieurs Religieux & nombre de fameuses Abbayes de nostre Pere S. Antoine. Et ces Chrestiens-là conuiennent aussi auec le Patriarche d'Antioche, & la plus grande part des Archeuesques & Euesques de toutes ces natiõs-là que i'ay nommées sont Religieux de sainct Antoine, ceux-cy de la Georgie & de l'Armenie maieure officient en langue Arabesque & Syriaque.

Les Chrestiẽs Anastozies qui habitẽt en Chaldée, & dans les Arabies, ont aussi de bons Cõuens de Moines & Religieux de mon Pere S. Antoine. Enfin par tout l'Orient, en Tauris, en Ormuz, iusques en la terre de Malabar, en Goa, & par toutes ces Prouinces Orientales se trouuét tousiours des Conuents & des Religieux de l'Ordre de S. Antoine. Et lors que j'estois à Goa, du temps que Dom Constátin de Bragáce y estoit Viceroy, y arriuerent de la fameuse ville de Quéçay dãs la Chine, des Moynes & Religieux, les vns qui portoient la marque du Taf, & les autres non, qui se disoient neantmoins tous Religieux de S. Antoine : & l'année saincte du Pape Gregoire treiziesme, & de Clement huictiesme, plusieurs de ces Orientaux estans venus à Rome, furent logez par le commandement de ces souuerains Pontifes en nostre College & Eglise des Abyssins, du moins ceux qui n'en auoient point à Rome, où estoit en ce temps Monsieur de Gyon Commandeur de Sainct Antoine, de la Congregation de Viennois en France, & Procureur de son Ordre à Rome, lequel receuoit & hebergeoit auec grand amour & charité tous ces Orientaux, comme freres de son Ordre, & s'éjouyssoit grandement de les ouyr officier en leur langue, & celebrer à la façon de leur pays.

Tous ces Orientaux, & plusieurs autres Religieux de Sainct Antoine qui habitent en la Natolie, terre du Turc, ont pour chef l'Abbé du Mont Syon, & dependent de son Monastere, la grande saincteté duquel tous s'efforcent d'imiter. I'ay voyagé par la grace de Dieu, parmy toutes ces nations Orientales à raison de plusieurs & diuers affaires, & tous ces miens freres de Religion m'ont reconnu & traitté comme tel: & dans le Cayre, & à

Constantinople, i'ay conuersé auec plusieurs Moynes & Religieux de mon Pere S. Antoine, Moscouites, Hongres, Bohemes, Transiluains, & Polaques, lesquels parlent & officient en Latin, & en langue Esclauone : & ont des Conuents de leur Ordre en toutes ces Prouinces là, lesquels sont aussi en la direction de cet Abbé du Mont Syon, & plusieurs d'entr'eux portent le Taf à la poitrine, mais non pas tous, parce que ( comme i'ay apris à Rome ) ils ne donnent le Taffinon à ceux qui sont dispensez, & qui ont porté l'habit l'espace de quarante ans, cóbien que tous le portent dessous l'habit, & le tiennent pendu du col comme vne petite Croix, afin qu'on le puisse voir. Et on m'a dit parmy ces nations qu'il y a mesme dans la Tartarie des Religieux qui se disent de S. Antoine, & portent le Tafbleu, mais ie ne me suis pas informé quel sentiment ils ont de la Religion Chrestienne. Mais les Hógres, & Transiluains, comme aussi les autres Religieux & Commandeurs de l'Orient, & nous autres Abyssins portons tous l'habit noir, & le Tafbleu, comme estans tous de l'ordre de S. Antoine & tous viuét (moy excepté) vne vie fort saincte, austere & bien disciplinée, & ne mangeons iamais chair au refectoir en toute l'année.

Et finalement nous sommes tous en particulier ennemis des Grecs, d'autant qu'ils sont aussi ennemis de la S. Eglise Catholique, Apostolique & Romaine. Tous ces Religieux Orientaux s'entretiennent des terres qu'ils sement, & des troupeaux qu'ils ont, auec le labeur de leurs mains; ils font force toiles de lin qu'ils vendent aux Perses & aux Turcs, pour faire ceintures, Turbans, & autres choses, qui rendent grand honneur & respect à ces saincts Religieux.

---

*De l'Abbé de S. Antoine en Dauphiné, au Royaume de France, qui est Chef general de tous les Religieux de son Ordre, tant en France, Italie, Espagne, Allemagne, qu'autres Royaumes Chrestiens de l'Europe.*

## Chap. XXI.

LEs Commandeurs & Religieux de l'Ordre Sainct Antoine en Europe, (qui est le lieu où cette Religion est moins florissante,) de l'institutió de laquelle nous auõs parlé au traicté de la vie des Cheualiers de S. Anthoine d'Ethiopie,) obeyssent comme i'ay dit à leur Prelat & Abbé de Viennois en France. Il y a de ces Religieux & Commãdeurs de l'Ordre de S. Antoine Abbé, de la Congregation de Viennois en France par toute l'Espagne, France, Italie, & Allemagne, & en toutes les autres parties de l'Europe qui est habitée des Chrestiens. Et pour enclorre dans cette Religion toute la superficie du globe & rondeur de la terre, ie dis qu'il y a aussi des Commandeurs de S. Antoine Abbé dans l'Amerique, & nouueau monde, qui sont de l'Ordre de ceux d'Espagne, France & Italie.

Ce que i'ay rapporté icy auec tant de briefueté monstre assez combien cette grande & saincte Religion de mon Pere S. Antoine est florissante, & cóbien d'Illustres Prelats l'annoblissent, puisque (cóme i'ay dit) presque tous les Archeuesques & Euesques Orientaux sont pour la plus gráde part Religieux de cet Ordre, comme est aussi le Patriarche d'Antioche que suiuent tous les Orientaux: & l'Abuns ou Patriarche de nous autres Abyssins en Ethiopie l'estoit aussi, ainsi que Paul Ioue le rapporte. Et tous les Princes de la maison & lignée de Dauid heritiers de l'Empire d'Ethiopie, sont tous Cheualiers, & portent l'habit de S. Anthoine, & ceux qui les gouuernent, & ont le soin de leurs personnes au mont Amara, où ils sont tous renfermez, sont des Abbez du mesme ordre, qui ont telle preeminence qu'ils eslisent d'entre ces Princes là l'Empereur des Abyssins que l'on appelle icy le Pretejean, qui est vn tres-grand honneur que possede nostre Ordre.

*Que tous les Religieux de l'Ordre S. Antoine portent la marque du Taf, en quelque part du monde qu'ils soient establis, & de quelques Princes & communautez qui le portent aussi en leurs armes.*

## CHAPITRE XXII.

Outre ce que i'ay dit, le Duc des Chrestiens Georgiens, & les principaux de ce Royaume là portent tous la marque du Taf de nostre glorieux Sainct. Et dans les guerres que ces vaillans Cheualiers ont contre le Turc, ils portent vn estendart de couleur jaune, & le Taf bleu de S. Antoine depeint en iceluy

luy. En Espagne la tres-noble famille de Castro, porte le Tau pour Tymbre au dessus de ses armes, comme font aussi les nobles & anciens Comtes de Lemos chefs de cette famille. La tres-noble Cité de Valence porte aussi le Tau de S. Antoine, à laquelle ie pourrois donner de grandes loüanges, en quelque part que ie me peusse trouuer, tant pour sa doctrine, saincteté, & multitude infinie de son Clergé, comme pour la noble & pieuse conuersation de ses Cheualiers, & de tous ceux de ce Royaume. Et pour mettre fin à ce discours, & à ce petit œuure, ie diray que le Lecteur ne se doit point esmerueiller que cet Ordre sacré de mon Pere S. Antoine soit ainsi estendu & dilaté par tout l'Vniuers, & que tout le monde luy soit deuot

& porte reuerence à ce grand Sainct, voire iusques aux infidelles mesmes, puis que c'est l'effect de la promesse que luy fit nostre Seigneur IESVS-CHRIST, lors qu'il sortit victorieux de ce cruel combat qu'il eut contre les demons, qu'il feroit retentir son nom par toute la terre. Or ce glorieux Sainct n'a pas seulement combatu durant sa vie contre les demons, mais les combat encore apres sa mort, par le moyen de ses enfans, & par la saincteté de ses Moynes & Religieux, & par les armes des Cheualiers Militaires de son Ordre dans l'Ethiopie, qui bataillent touſiours contre les infidelles qui sont de vrays demons, puis qu'à leur imitation ils liurent la guerre aux enfans de la saincte Eglise Romaine, laquel-

le demeure permanente à iamais,
& surmonte tous ses aduersaires,
Amen.

## FIN.

*Priuilege du Roy.*

LOVYS par la grace de Dieu, Roy de France & de Nauarre, A nos amez & feaux Conseillers les gens tenans nos Cours de Parlement, Baillifs, Seneschaux, Preuosts, & leurs Lieutenãs, & à tous nos autres Iuges & Officiers qu'il appartiendra, Salut : Nostre bien amé IEAN TOMPERE, marchand Imprimeur & Libraire à Paris, Nous a fait remonstrer qu'ayant recouuré auec peine vn liure intitulé, *Fondation, Vie & Reigle du grand Ordre Militaire & Monastique des Cheualiers & Religieux du glorieux S. Antoine, Abbé en Ethiopie, Monarchie du Pretejan des Indes,* & à la fin d'iceluy, vn bref discours comme il y a par tout le monde des Religieux de S. Antoine Abbé, composé en Espagnol par par Dom Iean Baltazar Abyssin, Cheualier & Religieux Militaire du mesme Ordre, & mis en François par vn Religieux de la Congregation reformée de l'Ordre S Antoine en Viennois; Il desireroit le faire imprimer pour l'vtilité du public : Mais d'autant qu'il craint qu'autres que luy ne s'ingerent de le faire imprimer, il nous a requis luy octroyer nos lettres de permission necessaires. A CES CAVSES, apres qu'il nous est apparu de l'Approbation des Docteurs en Theologie de la faculté de Paris, nommez Gouault & Roche; Auons permis & octroyé, permettons & octroyons audit TOMPERE, imprimer ou faire imprimer, vendre & distribuer ledit liure, pendant le temps de six ans, à compter du iour & datte qu'il sera acheué d'imprimer; sans qu'autres que luy, ou celuy qu'il aura choisi, le puissent imprimer ou faire imprimer durant ledit temps en cettuy nostre Royaume, sur peine de confiscation d'iceux, & d'amende arbitraire: A la charge d'en mettre deux exemplaires dans nostre Bibliotheque, à peine de deschoir de ce Priuilege. SI vous mandons faire jouyr ledit TOMPERE, & celuy qu'il aura choisi, de nostre present priuilege, & du contenu en iceluy. Vous faites contraindre à ce faire, & obeyr tous ceux qu'il appartiendra, & qui pour ce seront à contraindre. CAR tel est nostre plaisir, donné à S. Germain en Laye, le quatriesme iour d'Aoust, l'an de grace, mil six cens trente deux, Et de nostre Regne le vingt troisiesme.

PAR LE ROY.

MAILLARD.

Acheué d'imprimer le 15. Octobre 1632.

www.ingramcontent.com/pod-product-compliance
Lightning Source LLC
Chambersburg PA
CBHW060137100426
42744CB00007B/814